세상에서 가장 큰 보물은 어휘란다.
내 두 아들 비투스와 베베린에게

Wie Tiere sprechen und wie wir sie besser verstehen

Title of the original German Edition: Wie Tiere sprechen und wie wir sie besser verstehen
ⓒ 2020 Loewe Verlag GmbH, Bindlach
Korean edition published by arrangement with Loewe Verlag GmbH. through Greenbook Agency.
All rights reserved.

ⓒ 2024, Flight of Ideas Publishing Co.

이 책의 한국어판 저작권과 판권은 그린북 에이전시를 통한 권리자와의 독점 계약으로 생각비행에 있습니다.
저작권법에 의해 한국 내에서 보호를 받는 저작물이므로 무단 전재와 무단 복제, 전송, 배포 등을 금합니다.

신기하고 재미있는 동물행동학

말하고 소통하는 동물들

카르스텐 브렌징 글
니콜라이 렝거 그림
정일주 옮김

생각비행

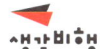

차례

독자 여러분에게   8

동물을 이해할 수 있을까요?   10
보편적인 의사소통 신호가 있을까요?   12

언어의 출현   14
소통이란 무엇인가요?   16
꿀벌의 비밀 언어   18
제스처   20
비언어적 의사소통   22
소리를 통한 의사소통   26
노래   28
어휘   32
소리로 배우기   34
사투리   36
맥락으로 살펴보는 울음소리   38
세상을 바꾸는 제스처   42
거짓말쟁이의 목소리   46
언어 유전자 FOXP2   50

포획한 동물을 이용한 언어 연구   52
야생동물과 함께 생활하기   54
돌고래   56
영장류   62
앵무새   66

야생동물을 대상으로 한 언어 연구   70
새로운 연구   72
어휘   74
문법   78
대화   82
관용구   86
예의   88
네안데르탈인   90

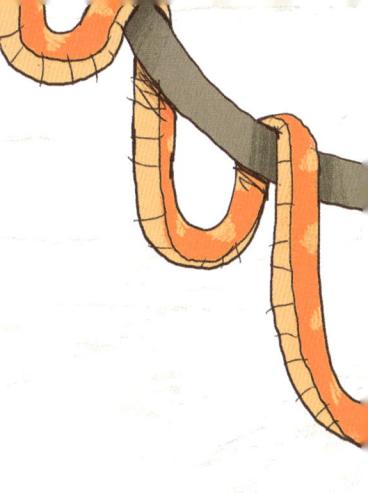

언어가 먼저일까요, 생각이 먼저일까요?   94

동물은 어떻게 생각하고 느낄까요?   96
지구에서 처음 나타난 생각   98
생각의 세계   102
감정의 세계   104
생각에 대한 생각   108
집단 지성   112

동물을 의인화해도 될까요?   116

석기 시대부터 중세까지   118
중세부터 계몽주의 시대까지   122
브렘의 동물 생활   124
영리한 한스   126
행동주의   130
본능 이론   132
오늘날 동물에 대한 우리의 이미지   136
언어가 생각을 만들까요?   138
언어의 힘   142

동물과 대화하기   146

맥락 속에서 나타나는 트릭   148
자폐증에서 나온 묘안   152
더 많은 트릭   154
우리가 사랑하는 동물들   156
우리가 사랑하지 않는 동물들   160
야생동물   164
동물 훈련   168
우리는 언제 동물과 대화할 수 있을까요?   172

부모님과 선생님께   174
용어 해설   176
지은이, 그린이   184
옮긴이   185

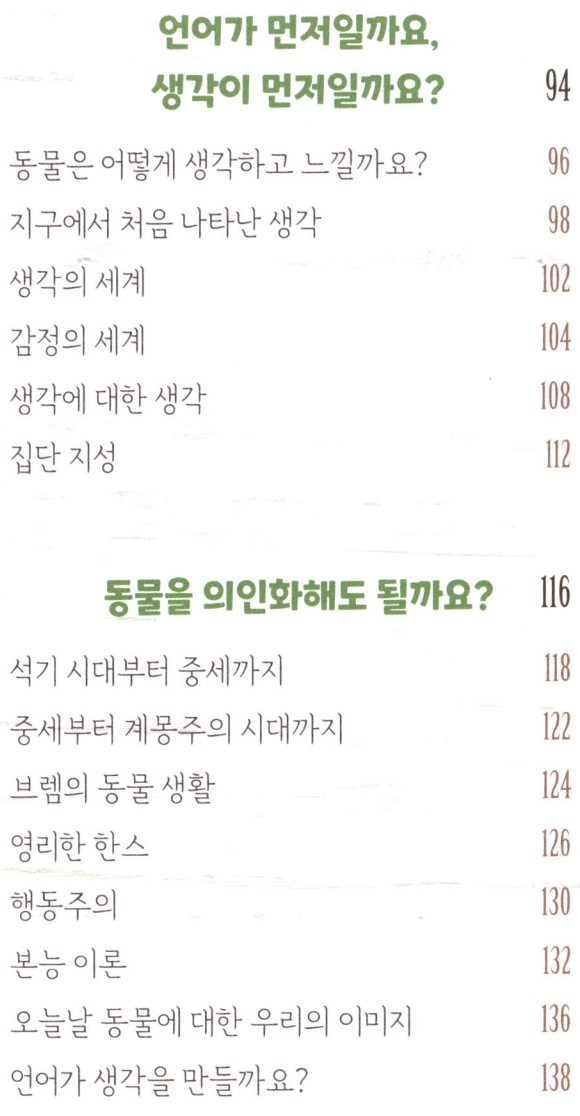

독자 여러분에게

박새가 문법 규칙을 알고, 많은 동물이 어휘를 사용하며, 어떤 고래는 1000킬로미터나 떨어져 있는데도 의사소통할 수 있다는 사실을 알고 있나요? 거짓말이 왜 획기적인 발명품이고, 정신 발달을 이끌었는지 궁금한가요? 일부 원숭이 좋은 관용구를 쓸 줄 알고, 동물도 예의 바르게 행동할 수 있다고 하면 믿으시겠어요? 어떤 회색앵무는 간단한 세 마디 문장을 이해하고 여성 연구원과 대화하기까지 했답니다.

이 책은 여러분을 동물행동학이라는 놀라운 세계로 안내합니다. 진화를 거치며 인간의 정신이 어떻게 발전해 왔는지, 우리의 언어가 어디에서 왔는지를 설명해 줄 거예요.

하지만 이 책은 동물을 훈련하는 요령을 알려 드리진 않아요. 그런 주제의 안내서는 셀 수 없이 많으니까요. 저는 이 책이 인간과 동물이 서로를 더 잘 이해하는 데 쓰이길 바란답니다.

재미있게 읽으세요.

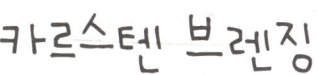
카르스텐 브렌징

동물을 이해할 수 있을까요?

언어가 전부는 아니에요.

동물을 이해할 수 있을까요?

보편적인 의사소통 신호가 있을까요?

인간과 동물 사이의 통역 프로그램

이 질문에 대한 놀라우리만치 간단한 대답은 '예'입니다. 우리는 동물을 이해할 수 있고 동물도 우리를 이해할 수 있어요.

최근까지만 해도 동물은 종마다 고유의 의사소통 방식이 있어서 종이 다르면 서로를 이해할 수 없다고 믿었어요. 잘 알려진 예로 꼬리를 들고 흔드는 행동이 있지요. 개에게는 기쁘다는 표현이지만, 고양이에게는 화가 났거나 공격하겠다는 의미가 돼요. 그러니까 이 두 종의 사이가 좋지 않은 것은 당연한 일이겠죠. 하지만 어떤 실험에 따르면 이것이 아주 옳지는 않으며, 동물은 우리가 이전에 생각했던 것보다 서로를 더 잘 이해할 수 있다는 사실이 밝혀졌어요.

이 실험은 전 세계 학생을 대상으로 진행됐어요. 연구 참가자들은 동물의 울음소리만으로도 화가 났는지 아니면 기분이 좋은지를 알아차릴 수 있었다면서 놀라워했어요. 이 능력은 최초의 **척추동물**이 물에서 육지로 올라와 울음소리로 의사소통을 시작했을 때 발달했을 가능성이 크답니다. 사자가 그르렁거리는 이유가 배가 불러 기분이 좋아서 그런지, 기분이 안 좋아서 그런지 안다면 쓸모 있잖아요. 연구자들이 또 어떤 공통점을 찾아낼지 누가 알겠어요! 저는 기쁨과 슬픔도 잘 이해할 수 있을 거라는 데 내기를 걸겠어요.

• 빨간색으로 표시한 용어는 책 뒤편에 저자의 해설이 있어요.

실험

학생들이 정답을 맞혔는지 여러분이 직접 확인할 수 있어요. 웹사이트(http://karsten-brensing.de/wie-tiere-sprechen)에서 동물들의 다양한 울음소리를 다운로드하세요 (웹페이지 하단 Hier geht es zu den Hörbeispielen: Tierlaute (Buch auf Seite 83)라는 내용에서 'Tierlaute'라는 글자를 클릭하면 파일을 받을 수 있어요). 그런 다음 다른 사람에게 그 파일을 재생해 달라고 부탁해 보세요. 동물마다 화났을 때와 편안할 때의 울음소리가 들어 있어요. 여러분은 어떤 소리가 어떻게 들리는지 결정해야 해요.

편하게 자고 있는 수사자를 무서워할 필요는 없어요.

반대로 이 화난 암사자는 나한테 함부로 하면 안 된다고 울부짖는 소리로 자기 의견을 표현하고 있어요.

언어의 출현

언어는 인간의 발명품이 아니랍니다.

언어의 출현

소통이란 무엇인가요?
'예'라고 말할 때는 '예'라는 뜻이어야 해요.

여러분은 누군가가 외국어로 말하는 것을 들어 본 적이 있을 거예요. 그 언어를 모르면 한마디도 알아들을 수 없어요. 모국어를 말하는 것은 아주 쉬운 일처럼 보이고 새로운 언어를 배우는 건 무척 어려워 보여요. 지금의 언어가 복잡하다고 해도 그 출발은 아주 간단했답니다.

생물학자는 언어보다는 소통에 집중해요. 박테리아조차 서로 긴밀하게 소통하거든요. 이런 소통은 다음과 같은 모습을 보여요.

우선 무언가를 전달하려는 사람(발신자)과 특정한 신호(**코드** 포함), 그리고 신호를 전송할 매개물(매질)이 필요해요. 동물의 울음소리를 전달해 주는 매질은 공기이고, 박테리아 입장에선 화학 전달 물질이 녹아 있는 물이 매질이 되지요. 마지막으로 전달될 것을 알고 싶어 하는 대상(수신자)이 필요한데, 그는 코드를 이해할 수 있어야 하죠.

소통을 이 네 가지 요소로 간단히 설명할 수 있어요. 소통은 두 동물뿐만 아니라 많은 동물들 사이에 있거나 멀리 떨어져 있어도 가능해요. 이를 위해 처음에는 단어가 발명되었고 나중에는 문법까지 생겼어요.

정보 상자

박테리아가 서로 소통하는 방법에는 정족수 감지(쿼럼 센싱, Quorum sensing)가 있어요. 박테리아가 특정한 개체수에 도달하면 전달 물질이 모든 박테리아에게 동시에 행동하게 한답니다. 이런 현상은 **하와이짧은꼬리오징어**에게서 발견되었어요. 오징어에겐 발광박테리아 비브리오 피셔리가 모인 발광 기관(빛을 내는 기관)이 있는데, 단 것을 먹으면 발광박테리아가 집단적으로 빛을 내기 시작해요(생체 발광). 정해진 수의 박테리아, 다시 말해 정족수가 빛을 내기 시작하는 거죠. 이런 행동은 박테리아가 전달 물질을 통해 N-아실 호모세린 락톤(AHL)을 감지할 때 나타나지요. 걱정하지 마세요. 복잡한 개념을 알 필요는 없으니까요. 그래도 좀 멋있게 들리긴 하네요, 그렇지 않나요?

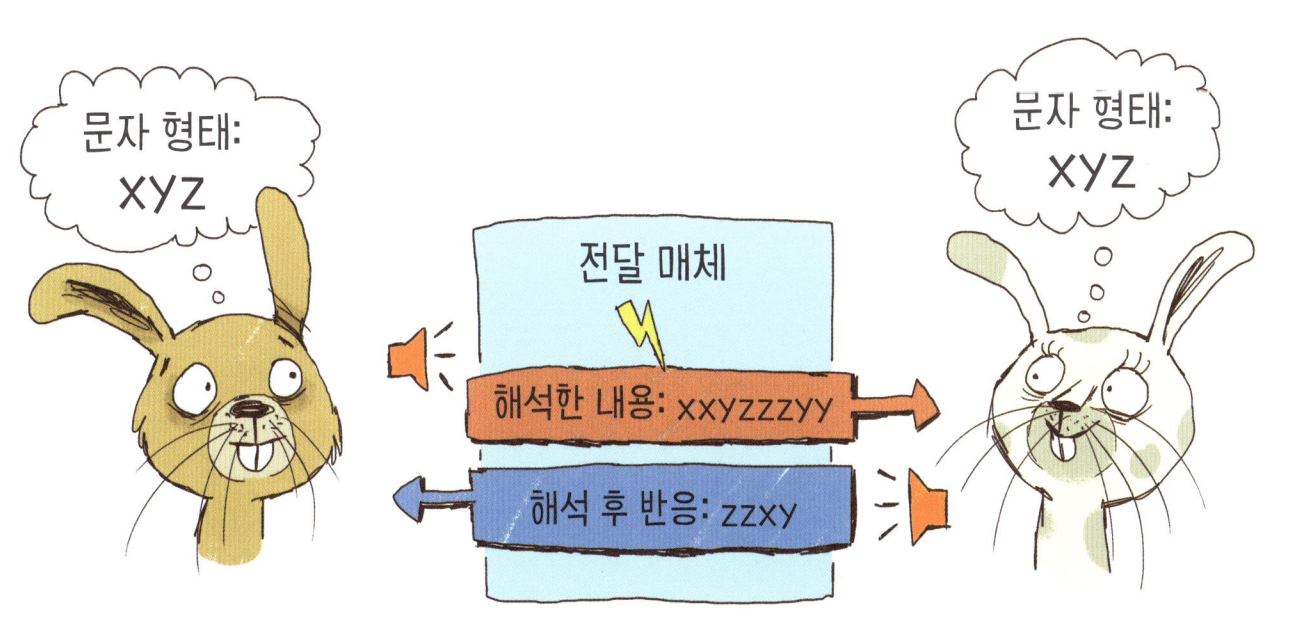

언어의 출현

꿀벌의 비밀 언어

중력을 이용해 길을 가리키는 방법

또 다른 소통의 형태로는 꿀벌의 "비밀 언어"가 있어요. 이것은 너무 추상적이어서 거의 언어라고 봐도 돼요. 책 시작 부분에서 개와 고양이가 꼬리로 소통한다고 했잖아요? 그런데 꿀벌의 꼬리춤이 의미하는 것은 상상도 못 할 정도로 대단해요. 이 춤을 통해 먹이가 있는 방향과 거리를 다른 벌들에게 전달하거든요. 이를 위해 꿀벌의 작은 두뇌는 아주 놀라운 능력을 발휘한답니다.

벌은 먹이를 발견하면 태양을 기준 삼아 방향을 기억해요. 하지만 벌집 안에서는 그 방향으로 춤을 출 수 없어요. 벌집 안은 어둡고 벌집이 거꾸로 매달려 있기 때문이에요. 그래서 아주 신기한 방법이 등장합니다. 바로 **중력**을 활용하는 거예요(위쪽은 태양 방향을, 아래쪽은 태양과 반대 방향을 의미해요). 먹이가 태양과 같은 방향에 있으면 꿀벌은 위쪽으로 춤을 춰요. 먹이가 태양 오른쪽 방향에 있다면 정확히 위쪽이 아니라 약간 오른쪽으로 틀어 춤을 춰요. 그러면 다른 꿀벌들은 어느 방향으로 날아가야 하는지 알 수 있어요. 거리는 꼬리를 흔드는 횟수에 비례해요. 꼬리를 많이 흔들면 먹이가 먼 곳에 있다는 뜻이에요. 춤추는 꿀벌의 움직임을 다른 꿀벌들은 촉각(피부로 느끼는 감각)과 소리를 통해 알아차려요.

이건 정신없이 뒤엉킨 모습이 아니라 질서 있게 소통하는 행동이랍니다.

정보 상자

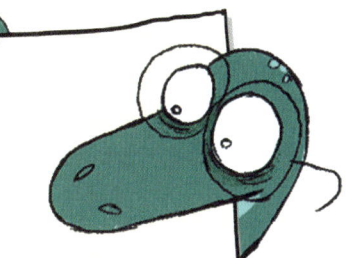

다양한 방법을 통한 의사소통

최근에는 꿀벌이 꼬리춤으로만 먹이까지의 거리를 알리는 것은 아니라는 사실이 밝혀졌어요. 꿀벌은 날아다닐 때 전압을 발생시켜요. 거리에 따라 꿀벌 떼는 400볼트가 넘는 전압을 발생시킬 수도 있어요. 다른 꿀벌들은 이 전압을 감지하고 이를 이용해 먹이까지의 거리를 계산합니다. 한편 원격으로 조종되는 로봇 꿀벌이 윙윙 소리를 내자 다른 꿀벌들이 진지하게 동료로 받아들였다는 사실도 재미있어요. 꿀벌은 먹이원에 화학 전달 물질로 표시를 해 두기 때문에 뒤에 따라오는 벌들이 곧바로 먹이를 찾을 수 있답니다. 이처럼 꿀벌은 네 가지 방법을 통해 정보를 전달해요.

- 몸짓 신호=꼬리춤
- 청각 신호=윙윙 소리
- 전기 신호=전압
- 화학 신호=화학 전달 물질

춤 방향 20°

먹이가 태양에서 오른쪽으로 20° 방향에 있다면, 벌집 안의 꿀벌은 오른쪽으로 20° 틀어 위쪽 방향으로 춤을 춥니다.

언어의 출현

제스처

정글에서 어떻게 서로 이해할 수 있을까요?

외국에 나가서 손짓발짓으로 소통해 본 적이 있나요? 이런 방법이 의외로 잘 통한다는 사실을 알 수 있어요. 그런데 같은 방식으로 고릴라와 이야기를 나눌 수 있을까요? 사실 우리는 고릴라, 침팬지, 보노보, 오랑우탄 같은 **유인원**과 최소 24개의 제스처를 똑같은 뜻으로 쓰고 있어요. 제스처는 **유전적**으로 정해져 있기 때문에 이를 비교하면 우리가 다른 유인원 종과 얼마나 밀접하게 관련이 있는지를 알 수 있답니다. 그런데 어떤 동물은 우리보다 더 많은 제스처를 사용해요. 예를 들어 고릴라는 약 126개를, 침팬지는 115개를 쓰지요. 오랑우탄은 제스처를 별로 쓰지 않아요. 혼자 살아가길 좋아해서 다른 친구들과 하는 소통에 크게 의존하지 않기 때문이랍니다.

정보 상자

문화에 주목하세요.

제스처라고 해서 다 같은 건 아니랍니다. 혹시 '합죽이가 됩시다, 합!'을 알고 있나요? 이 제스처는 '말하지 말고 들어 봐'라는 뜻이에요. 누군가를 위해 엄지손가락을 치켜세우면서 용기를 북돋워 준 적이 있나요? 손가락으로 뺨을 잡고 늘리며 혀를 쑥 내밀어 다른 사람을 놀린 적은요? 우리에게는 통하지만 외국에선 이런 행동을 이해하지 못할 수도 있어요.

예를 들어 우리가 엄지와 검지를 맞대어 원을 만들고 나머지 세 손가락을 펴면 '돈'을 의미하지만, 독일에서는 엄지를 검지, 중지에 맞대고 위아래로 살살 비벼 줘야 해요. 우리는 돈을 동전으로 표현하지만 독일 사람들은 지폐를 돈이라고 생각하기 때문이에요.

한편 동작은 똑같은데 뜻이 반대인 경우도 있으니 주의해야 해요. 여러분이 고개를 끄덕이면 '네'라고 말하거나 무언가를 확인했다는 의미일 거예요. 하지만 불가리아, 그리스, 인도에서는 정확히 반대의 뜻이랍니다. 거기선 '네'라고 말하려면 고개를 좌우로 흔들어야 한답니다.

언어의 출현

비언어적 의사소통

의식적이든 무의식적이든 몸은 말하고 있어요.

여러분이 원하든 원치 않든 간에 몸은 말을 하고 있어요. 조금만 연습하면 다른 사람의 몸짓 언어를 읽을 수도 있답니다. 이런 일에 관심이 없다고 해도 잘못된 건 아니에요. 이미 상대방의 신호를 무의식적으로 알아차리고 그 뜻을 파악하고 있으니까요.

여러분은 소리로 표현하는 말뿐 아니라 목소리와 몸짓도 무의식적으로 사용하고 있어요. 누군가가 진실을 이야기하지 않는다고 느낀 적이 있을 거예요. 그 사람 목소리가 미세하게 떨렸거나 자연스럽지 않았겠죠. 아니면 상대방이 여러분의 시선을 계속 피했을지도 모르고요. 이 두 가지 경우를 비언어적 표현이라고 하는데요, 여러분은 그 의미를 아주 잘 파악하고 있어요. 그렇기 때문에 뻔뻔하게 거짓말하기가 쉽지는 않답니다.

이런 소통 형태는 아주 오래되었고 진화의 과정에서 언어가 발명되기 훨씬 이전에 생겨났어요. 셀 수 없이 많은 동물 종이 비언어적으로 소통하는 것은 당연한 일이랍니다(정보 상자를 보세

'확신할 수 없으니 의심하고 있을게.'

요). 팔짱을 끼거나 귀를 막는 제스처는 의식적으로 사용했다고 하더라도 비언어적 소통 방식이에요. 의식적인 신호는 훨씬 명확해요. 과학자들은 이를 '고유성'이라고 부르는데, 다른 신호와 분명하게 구분된다는 의미랍니다.

'아, 아, 아, 네 목소리 안 들려!'

정보 상자 1

비언어적 소통은 몸짓 신호만 있는 건 아니에요. 전기적, 화학적, 촉각적 소통 방식도 있으니까요. 하지만 여기엔 문제가 있어요. 예를 들어 미어캣에게는 '맹금(사납고 육식을 하는 새)'을 보면 내는 경보가 있어요. 그것은 단어가 아니기 때문에 실제로는 비언어적 소통에 들어가야 하지요. 그런데 딱 들어맞지가 않아요. 이런 문제를 피하기 위해 생물학자는 단어뿐만 아니라 동물의 울음소리까지 포함하는 음향적 소통을 이야기해요. 32쪽 **어휘**에서 인간만 단어를 사용하는 것이 아니라는 사실을 알게 될 거예요. 그렇다면 대체 단어가 뭐냐는 질문을 해야겠죠? 제가 여러분이 할 질문을 알고 있어서 깜짝 놀라지 않았나요?

실험

제스처 맞히기

몇 가지 제스처를 취한 다음 친구들에게 어떤 생각이 들었는지 써 보라고 하세요. 친구들의 추측이 여러분의 의도와 비슷하다는 사실을 알게 될 거예요.

- 팔짱 끼기
- 두 손을 머리 위로 들고 있기
- 귀 뒤 긁기
- 입을 앙다물기
- 눈 크게 뜨기
- 어깨 으쓱하기
- 다리를 몸쪽으로 당기기

정보 상자 2

1872년 찰스 다윈은 《인간과 동물의 감정 표현》이라는 책에서 마음 상태와 밖으로 드러나는 모습 사이의 관계와 이 둘의 기원에 대해서 생각했어요. 어떤 종에게서 나타나는 일이 다른 종에게서도 똑같이 벌어진다고 생각하지 (또는 동물을 의인화하지) 않도록 조심해야 해요. 각자 발달해 나가면서 비슷하거나 공통적인 면이 나타나지만 종의 특징은 아주 다양하답니다.

서로 이해하지 못하는 두 동물. 개와 고양이에게 꼬리를 세운다는 것은 전혀 다른 의미랍니다. 개는 기분이 좋다는 뜻이지만 고양이는 긴장했다는 뜻이니까요.

슬퍼 보이지 않나요?

언어의 출현

소리를 통한 의사소통
하고 싶은 말이 있다면 해야 해요!

대화를 나눌 때 우리는 소리를 이용해 소통해요. 입과 목으로 진동(떨림)을 만들어 공기를 통해 전달하는 방식으로요. 뉴턴의 진자에 대해 들어본 적 있나요? 공기 속 분자도 이와 같은 방식으로 진동을 전달해요. 어느 시점에서 증폭된 분자들이

우리 고막에 부딪혀 내이(內耳)로 울려 퍼집니다. 이런 방식으로 우리는 몇 미터 떨어져 있는 사람이 말한 것을 들을 수 있지요. 공기가 없다면 우리는 아무것도 듣지 못했을 거예요. 공상 과학 영화에서 우주선이 지나가는 소리가 들린다는 건 말이 안 되는 얘기죠. 우주는 공기가 없는 진공 상태라서 소리가 들리지 않으니까요. 하지만 공기보다 훨씬 더 잘 작동하는 매질이 있어요. 예를 들어 흰긴수염고래가 우는 소리는 2000킬로미터 이상 떨어진 곳에서도 들리는데요, 물이 소리를 공기보다 더 잘 전달해 주기 때문이에요. 안타깝게도 오늘날에는 선박의 소음이 고래의 울음소리를 은폐할 정도로 크기 때문에 요즘엔 200킬로미터 정도 떨어진 곳에서만 들린답니다. 기차 승강장에서 이야기를 나누다가 화물 열차가 지나갈 때 시끄러워서 한마디도 알아들을 수 없는 것과 비슷하지요.

실험

청각은 360° 감각이니 정말 멋지죠? 눈을 감고 주변 소리에 귀를 기울이기만 하면 돼요. 그러면 여러분을 둘러싼 '이미지'가 생길 거예요. 소리가 양쪽 귀로 동시에 도달하지 않기 때문에 방향 감각이 생기는 거예요. 왼쪽 귀로 어떤 소리가 들어오면 오른쪽 귀보다 더 빨리 듣고, 뇌는 그 소리가 오른쪽 귀에 도달할 때까지 시간을 측정해 소리가 난 방향을 알려 준답니다.

성대는 아주 시끄러운 물고기 중 하나예요. 사람들이 물에서 꺼낼 때 큰소리로 꿱꿱 울거든요.

소리가 나는 곳

정보 상자

물고기는 조용하다고 알려져 있지만 사실은 그렇지 않아요. 우리가 들을 수 없을 뿐이지요. 오늘날 우리는 물고기들이 음향을 통해 의사소통을 한다는 사실을 알고 있어요. 소통할 때 부레를 사용하거든요. 이때 뇌에서는 포유류, 조류, 파충류의 뇌와 똑같은 부분이 활성화된답니다. 이를 토대로 소리를 이용한 소통 방식이 아주 오래된 것이라는 사실을 알 수 있지요.

→ 시간 차이 인식

언어의 출현

노래

노래로 무슨 이야기를 전달하나요?

저는 어렸을 때 새의 노래에 가사가 있는지 늘 궁금했어요. 지금은 그런 일이 없다고 알고 있지만요. 하지만 많은 동물이 적긴 해도 단어를 쓰고 있답니다(32쪽에서 확인할 수 있어요). 그런데 노래는 그와 다른 의미로 중요해요. 왜냐고요?

간단하게 대답하자면 재미있기 때문이에요. 재미가 어떻게 생겨났는지 이해하려면 제 책 《**생각하고 느끼는 동물들**》을 읽으셔야 해요. 여러분은 "그럼, 왜 동물들이 노래할 때 즐거워하나요?" 하고 질문을 바꾸겠죠? 아마도 두 가지 이유가 있을 거예요. 첫째, 대부분의 수컷은 암컷에게 잘 보이고 싶어 해요. 우리 인간과 아주 비슷하죠. 중세의 음유시인이든 현대의 팝스타든 똑같아요. 때로는 다른 수컷에게 깊은 인상을 남기고 싶을 때도 있어요. 예를 들어 박새는 노래로 자기 영역을 지킨답니다. 박새가 영역을 명확히 정해 두지 않으면 경쟁자가 노래에 끼어드는 문제가 생길 수 있거든요. 하지만 영역이 정해지고 나면 박새는 다른 새의 노래가 끝난 다음에 바르게 노래를 부른답니다.

↙ 노래하며 즐거움을 느끼는 새들

수컷 혹등고래는 사랑을 위해 노래해요. 심지어 매년 서로에게 새로운 노랫말을 가르쳐 준다는 사실도 밝혀졌어요. 이를 문화라고 하지요. 새로운 구절을 빨리 잘 부르는 수컷은 아주 매력적으로 보여요. 여러분에게도 매력은 중요하지 않나요? 운동화 살 때를 생각해 보세요. 최근에 나온 멋진 운동화를 갖고 싶잖아요. 우리는 이것을 유행이라고 하죠.

정보 상자

음악의 분위기

이제 조금 더 깊이 생각해 볼까요? 앞 단원의 내용을 기억하고 있을 거예요. 일반적이거나 보편적인 의사소통 신호에 관한 내용이었죠. 우리는 목소리나 울음소리를 통해 동물이 화난 상태인지 편안한 상태인지 알아차릴 수 있다는 사실을 발견했어요. 과학자들은 이러한 판단이 이뤄지는 뇌 영역을 연구한 결과, 우리 인간도 특정한 음악의 분위기를 인식할 때 똑같은 뇌 영역을 사용한다는 사실을 발견했답니다. 음악의 분위기를 인식하는 인간의 능력은 다른 동물의 기분을 알아차리는 데서 진화한 것일지도 몰라요. 박새가 모차르트의 소야곡(小夜曲)*을, 개구리가 헨델의 수상음악(水上音樂)**을 즐길지도 모르죠. 정말 신기하지 않나요?

* 밤에 연인의 집 창가에서 부르거나 연주하던 노래예요.
** 독일 작곡가 헨델의 대표적인 오케스트라 음악이에요.

실험

여러분은 악기를 연주할 수 있나요? 아니면 연주를 잘하는 사람을 알고 있나요? 여러분 친구들이 음악의 분위기를 어떻게 생각하는지 한번 시험해 보세요.

일반적인 것

- 단조는 슬프게 들려요.
- 장조는 즐겁게 들려요.

뭔가 특별한 것

- 다단조
- 라단조
- 내림마단조
- 사단조
- 나단조
- 다장조
- 라장조
- 내림마장조
- 바장조
- 가장조

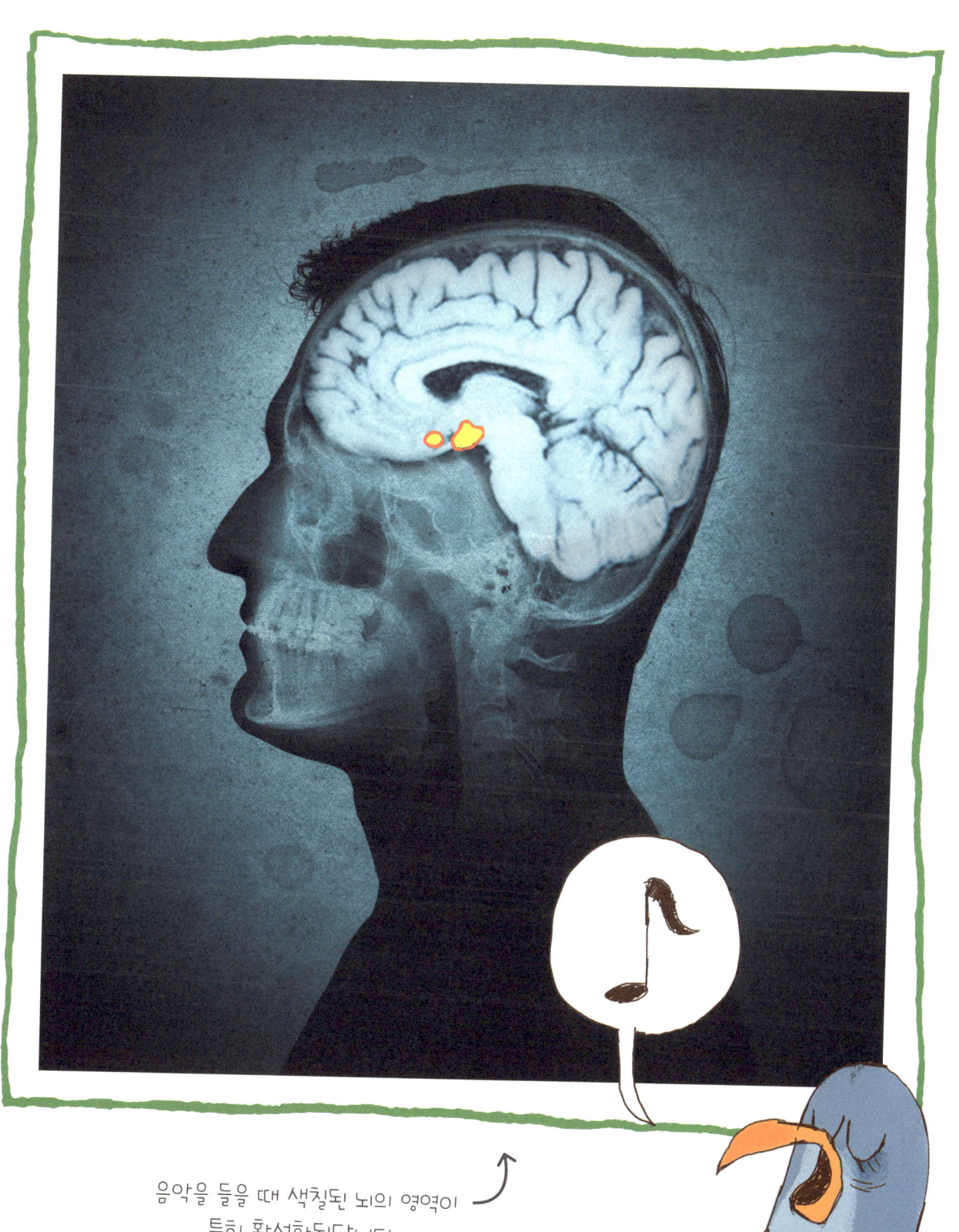

음악을 들을 때 색칠된 뇌의 영역이 특히 활성화된답니다.

언어의 출현

어휘

우리에겐 어휘, 동물에겐 울음소리, 기술자에겐 신호가 있어요. 이런 식으로 메시지(내용)를 전달해요.

엄밀히 말하자면 동물에겐 우리가 말하는 **어휘** 같은 것이 없어요. 그러나 동물이 상황마다 각기 다른 울음소리를 내며 특정한 것을 요구한다면, 우리는 이를 어쨌든 인간의 언어로 옮겨 보려고 할 거예요. 10개 정도의 단어를 사용하는 동물도 있는데, 울음소리는 그보다 더 다양하게 구사한다고 알려져 있어요. 저는 장난감 수백 개의 이름을 알고 있다고 토크쇼에 출연한 개를 말하는 건 아녜요. 그것은 의심할 여지없이 놀라운 능력이지만, 제가 얘기하고 싶은 요점은 대부분의 동물이 평범하게 살아가면서도 상황에 맞춰 제각기 다른 울음소리를 낸다는 사실이에요. 보통 강아지들이 이런 모습을 보이죠. 우리 집 개인 다윈이 짖으면 저는 누가 방문했는지 정확히 알 수 있답니다. 낯선 사람인지, 우체부인지, 친구인지 말이에요. 한편 동물 보호소에서 기분 좋게 웃는 것 같은 느낌의 개 짖는 소리를 스피커로 들려주면 강아지들이 덜 흥분한다는 사실도 밝혀졌어요.

개가 짖는 소리만 들어도 지금 우리 집에 누가 왔는지 알 수 있는 것처럼, 숲에서 어치를 보면 어떤 동물이 나타났는지 알 수 있어요. 시베리아 어치(어치의 친척)는 적어도 14개의 각기 다른 울음소리를 내면서 올빼미와 매 같은 맹금류를 구별할 수 있다고 해요. 그러니까 우리가 숲으로 걸어 들어갈 때 어치가 인간이 왔다는 울음소리를 내고 있을지 누가 알겠어요?

문어는 색을 바꾸면서 의사소통을 하는 것 같아요.

정보 상자

미어캣의 울음소리는 잘 연구되어 있답니다. 적이 공중에 있는지, 땅에 있는지, 심지어 이들이 얼마나 멀리 떨어져 있는지도 알려 줄 수 있어요. 예를 들어 파수꾼들은(맞아요, 미어캣은 분업을 해요) "조심해, 맹금류가 있어, 그래도 아직은 멀리 있어"라거나 "얘들아! 안녕, 맹금류가 다가오고 있어"라거나 "모두 빨리 도망쳐, 맹금류가 곧 들이닥칠 거야!"라고 말할 수 있어요.

흥미로운점: 아프리카 조류인 검은두견이는 미어캣의 경고 소리를 따라 내요. 모두가 놀라 동굴로 도망쳐 버리면 이 똑똑한 새는 미어캣이 모은 먹잇감을 낚아채 가지요.

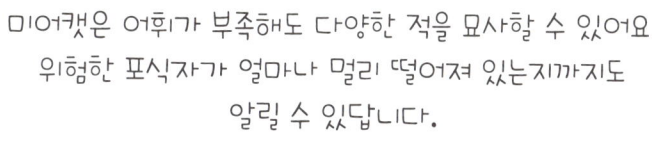

미어캣은 어휘가 부족해도 다양한 적을 묘사할 수 있어요. 위험한 포식자가 얼마나 멀리 떨어져 있는지까지도 알릴 수 있답니다.

언어의 출현

소리로 배우기
언어의 기본 요건

동물이 두 가지, 세 가지, 열 가지 또는 그 이상의 울음소리를 알고 있는지 여부와 관계없이 대다수의 동물은 새로운 울음소리를 배울 수 없어요. 당나귀는 "히힝", 개는 "멍멍" 하고 울 수밖에 없지요. 아무리 똑똑한 강아지라도 고양이가 "야옹" 하는 울음소리를 배울 수 없어요. 유전적으로 정해져 있으니까요. 이런 상황에서 언어를 개발하는 것은 불가능하답니다.

새들은 나이 든 동물에게 배우기 때문에 상황이 나은 편이에요. 그렇다면 이들에는 언어가 있을까요? 아마도 그렇지는 않을 거예요. 왜냐하면 대부분의 새는 어린 시절과 청소년기에만 새로운 요소를 배우고 성체가 되어서는 단 하나의 '단어'도 배울 수 없거든요. 일반적으로 수컷만 노래를 부르고, 수컷과 암컷 사이의 소통도 아주 일방적이랍니다. 그렇지만 일생 동안 새로운 울음소리나 소리를 배울 수 있는 다양한 종류의 새가 있어요. 가장 잘 알려진 것은 앵무새지만, 찌르레기, 어치, 박새도 포함되어 있어요. 이론적으로 보면 이런 새들에겐 언어가 있는 것 같아요. 새뿐만 아니라 돌고래, 흰돌고래, 물개 같은 일부 포유류도 **어휘**를 배울 수 있는 동물 중 하나입니다.

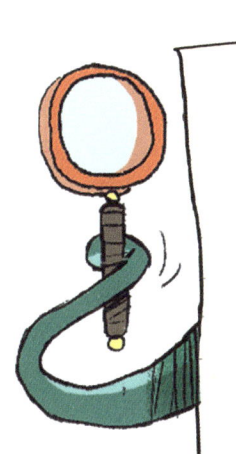

정보 상자

음성 학습은 언어의 기본 요건이에요. 새로운 발성, 소리 또는 단어를 계속 배울 수 있어야만 언어를 구사할 수 있어요.

인간의 말을 배울 수 있는 것은 앵무새만이 아니라는 점도 흥미로워요. 녹이라는 흰돌고래는 해군 잠수부에게 수면 위로 올라오라고 했고, 후버라는 물개는 동물원 관람객들에게 "야, 너! 거기서 나가!"라고 했대요. 말하는 범고래와 코끼리 얘기도 유명하죠. 슬프게도 이들에겐 너무 일찍 부모와 헤어져 인간의 손에 의해 자랐다는 공통점이 있어요.

리듬감은 재미있는 부수적 효과예요. 새로운 단어를 배우면 발음해 보고, 듣기에 좋지 않으면 완벽해질 때까지 반복하지요. 말하자면 우리의 청각은 발음 결과를 확인하고 목 근육을 조절하는 역할을 해요. 춤을 추거나 리듬을 타는 것도 이와 비슷해요. 음성 학습이 가능한 동물은 다른 동물에겐 없는 리듬감이 있답니다.

찌르레기는 닭처럼 울 수도 있고 자동차 소리를 흉내 낼 수도 있어요.

언어의 출현

사투리

친밀한 공동체의 소통 방법

강원도 사투리를 쓰는 사람과 제주도 사투리를 쓰는 사람이 대화하면 서로를 이해하기 힘들 것 같아요. 두 사람의 말이 아주 다르기 때문이에요. 이것이 바로 사투리예요. 동물도 사투리를 쓴다는 걸 상상할 수 있나요? 사실 사투리는 언어가 생기기 전부터 있었어요. 사투리는 음성학습의 전 단계라고 추측해요. 사투리에서 울음소리가 특정한 방식으로 바뀌죠. 하지만 이런 변화는 유전적으로 정해진 것이 아니라 다른 개체를 통해 배우는 거예요. 그래서 무리와 떨어져 사는 동물 종을 들여다보면 다양한 소리를 관찰할 수 있어요. 동물들은 완전히 새로운 울음소리를 배울 수는 없어도 최선을 다해 익히고 있는 셈이죠. 약 20년 전 범고래가 다양한 사투리를 쓴다는 사실을 발견했을 때 정말 놀라웠어요. 지금은 쥐도 사투리를 쓴다고 알고 있고, 아마도 이런 놀라운 능력을 가진 더 많은 동물 종을 발견하게 될 거예요. 발트해에 가까운 독일 플뢴(Plön)시의 쥐 연구자들은 〈정원 울타리에서의 대화〉라는 제목으로 쥐의 사투리에 관해 글을 썼어요. 동물은 사투리를 쓸 뿐 아니라 적지만 어휘를 갖고 있기 때문에 제대로 된 의사소통을 할 수 있답니다.

사투리를 쓴다고 처음으로 알려진 동물은 범고래예요.

정보 상자

왜 사투리가 필요할까요?

많은 동물들은 서로를 지탱해 주는 공동체 안에서 살고 있어요. 사투리는 자기가 속한 공동체에서 서로를 인식하는 데 도움이 됩니다. 특히 여름과 겨울 서식지로 옮겨 가서 다시 만나고 싶어 하는 철새들에게 쓸모가 있죠. 수백만 마리가 밀집해 있는 곳에 살고 있는 박쥐의 경우 사투리로 자기의 공동체를 인식할 수 있으니 얼마나 편리하겠어요?

언어의 출현

맥락으로 살펴보는 울음소리
단순한 것 같은데 왜 이리 복잡하죠?

울음소리를 바꿀 수 없는 동물들은 어떻게 할까요? 타고난 대로 윙윙거리거나 으르렁거리거나 꽥꽥거리는 소리를 내야만 할까요? 최근 검은이마티티를 자세히 관찰해 보니 그렇지만은 않다는 사실이 밝혀졌어요.

이 작은 원숭이는 두 가지 서로 다른 **경보음**을 가지고 있어요. 하늘에서 맹금류가 다가올 때는 울음소리 A를, 땅에서 포식자가 다가오면 울음소리 B를 낸답니다. 한 가지 이상한 점은 이들이 평소에 울음소리 B를 낸다는 사실이에요. 이렇게 되면 예상할 수 있듯이 경보의 의미가 사라져 버리잖아요. 하지만 연구자들은 예상을 벗어나는 이런 모습을 보며 기뻐했어요. 그 안에서 종종 중요한 것을 발견할 수 있기 때문이지요.

울음소리 B는 사람의 귀에는 다 똑같이 들리지만, 컴퓨터로 정밀하게 분석한 결과 상황에 따라 조금씩 달랐어요. 어휘를 확장할 수 없는 동물들에게 딱 맞는 자연의 천재적인 묘안이죠. 더 자세한 내용은 148쪽을 보세요. 매번 똑같이 들리는 소리지만 알고 보니 다르게 울고 있었던 동물이 또 있을지 누가 알겠어요? 이런 방식으로 언어가 생겨나진 않더라도 동물이 의사소통할 가능성은 우리의 예측보다 훨씬 더 다양한 것 같아요.

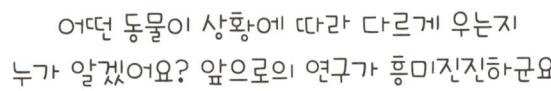

어떤 동물이 상황에 따라 다르게 우는지 누가 알겠어요? 앞으로의 연구가 흥미진진하군요.

정보 상자

인공지능(AI): 말이 언제 시작되고 언제 끝나는지 알아내는 것은 쉽지 않아요. 예를 들어 "안녕"이라는 말은 "안"과 "녕"으로 이루어져 있어요. 여러분은 이것이 2음절 단어라는 사실을 잘 알고 있지요. 하지만 우리말을 잘 모르는 사람에게는 두 단어가 연속적으로 빠르게 발음되었다고 생각할 수도 있어요. 컴퓨터가 우리의 목소리를 이해할 때도 이와 비슷한 문제를 겪게 되지요. 그래서 어떤 단어가 있고 어떤 소리가 나는지 컴퓨터에게 학습을 시켜요.

우리는 동물의 언어를 모르기 때문에 인공지능을 훈련시킨다는 묘안을 생각해 냈어요. 동물의 아주 다양한 울음소리 속에서 공통점을 찾는 컴퓨터 프로그램이 바로 그것이에요. 그 안에서 공통점을 찾는다면, 의사소통의 최소 단위를 발견하는 셈이죠. 하지만 이러한 형태의 분석은 너무 새로워서 아직은 멋진 결과를 보여 주진 못해요.

↑ 인공지능은 머지않아 우리보다 동물을 더 잘 이해할 수 있을 거예요.

실험

경보음

'의자 빼기 놀이'를 알고 있나요? 참가자들이 의자로 둥글게 원을 만들고 그 주변을 도는 놀이인데, 음악이 멈추면 재빨리 의자에 앉아야 해요. 놀이가 진행될 때마다 의자가 하나씩 빠지니까 마지막에 의자에 앉지 못하는 사람이 꼴찌예요. 재미있을 것 같으면 이 놀이를 다른 방식으로도 해 보세요. 어떤 이야기를 읽다가 갑자기 경보음을 내는 거죠. 그럼 모두 의자를 재빨리 잡으려고 할 거예요. 경보음으로는 어떤 것이든 상관없어요. 새롭고 멋진 말을 새로 만들어도 좋고 그냥 "우산"이라고 말해도 괜찮아요.

주의하지 않으면 탈락해요.
경보음을 흘려들은 사람이 지는 거죠.

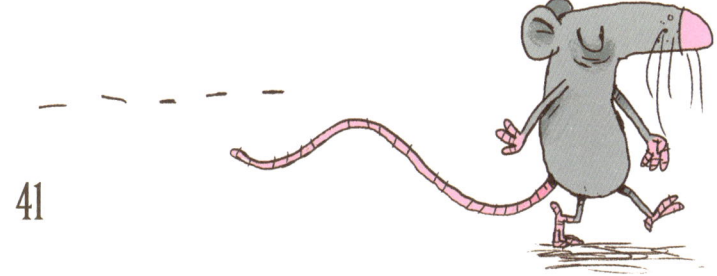

언어의 출현

세상을 바꾸는 제스처

손가락으로 가리키기

여러분은 우리가 다른 유인원 종과 몇 가지 제스처를 공유한다는 사실을 알고 있을 거예요. 그 중에 아주 특별한 제스처에 대해 알려 드리려고 해요. 최근까지 우리 인간만이 그런 몸짓을 쓰고 이해할 수 있다고 생각했어요. 손가락으로 콕 집어 가리키는 동작(**포인팅**)이에요.

우선 여러분께 44쪽에 나오는 사고 실험을 해 보시길 부탁드릴게요. 해 보셨나요? 단순하게 만들어진 로봇*으로 가득한 세상에서는 가리키는 동작이 필요없을지도 몰라요. 로봇은 기계적으로 작동하고 다른 누군가가 있다는 것을 상상할 수 없으니까요. 로봇은 프로그램된 대로 따르기 때문에 아무것도 상상할 수 없지요. 예를 들어 로봇은 여러분이 팔을 드는 동작은 인식해도 높은 나무 위에 앉은 새를 가리키는 행동을 인식하지는 못해요. 물론 로봇이 이런 제스처를 따르도록 프로그래밍할 수는 있을 거예요. 하지만 로봇은 새를 가리키고 있는 사용자와 사용자의 생각에 대해서는 전혀 알지 못해요.

이제 포인팅이 왜 그렇게 높은 평가를 받는지 이해하셨나요? 여러분이 세상에서 혼자가 아니고 다르게 생각하는 존재가 있다는 것을 알아야 이 제스처가 나타날 수 있는 거랍니다.

정보 상자

대상 영속성은 마음 속에 심상을 보관하는 능력이에요. 방금 본 것이 사라졌다고 해도 어딘가에 여전히 있다고 생각하는 것이죠. 이 개념은 아동의 정신 발달을 집중적으로 연구한 스위스 발달심리학자인 장 피아제(Jean Piaget)가 창안했어요.

고양이는 쥐가 그저 사라질 수 없다는 사실을 정확히 알고 있어요. 고양이는 쥐의 이미지를 뇌에 저장해 두었기 때문에 쥐를 찾을 수 있는 거예요.

짚신벌레는 단세포로 되어 있으며 물이 녹색 빛깔로 변한 꽃병이나 연못에서 찾을 수 있어요.

실험

구슬 찾기 게임을 알고 있나요? 이건 질 나쁜 도박으로 쓰이기도 해요. 그러니까 잘 찾을 수 있다는 확신이 들더라도 길거리에서 절대로 참여하면 안 돼요. 사기꾼은 오랜 시간 연습해서 속이는 데 능숙하기 때문이에요. 그렇지만 집에서라면 재미있게 시도해 봐도 괜찮아요. 여러분은 주변 사람이나 동물들과 게임을 하면서 누가 대상 영속성이란 능력이 있는지 알아보세요. 게임을 하려면 컵 세 개가 필요해요. 컵 하나에 뭔가를 넣은 다음 다른 컵과 이리저리 뒤섞으면 돼요. 게임에 참여하는 친구는 어느 컵 속에 물건이나 맛난 과자가 들어 있는지 알아맞혀야 해요.

'저런 건 나도 할 수 있겠다'라고 쉽게 생각하나요? 하지만 길거리에서 벌어지는 구슬 찾기 게임은 속임수를 쓰는 사기꾼들이 우리의 확신을 악용하는 것이기 때문에 아주 위험하답니다.

심상을 머릿속에 담아두는 능력은 인간과 고등동물이 갖고 있어요. 구슬 찾기 게임으로 이 능력이 있는지 알아볼 수 있지요.

생각의 세계

사고력 테스트

앞으로 이어지는 두 개의 장은 **생각하고 느끼는 동물들**에 관한 이야기예요. 이에 대해서는 똑같은 제목의 책에서 다룬 적이 있답니다. 더 자세히 알고 싶다면 그 책을 참고하세요. 여기선 가볍게 요약해서 다뤄 볼게요.

동물행동학과 심리학은 다양한 사고 방식에 대해 이야기해요. 이에 대해서 각각 나누어 설명할게요. 여러분은 **논리적**으로 사고하지 **추상적**으로 사고하지 않아요. 빛처럼 빠른 속도로 생각을 전환한다 해도 이 두 가지 사고는 근본적으로 달라요. 우리가 어떻게 생각하는지 살펴보면 알 수 있죠. 여러분은 보통 자기 생각과 감정에 따라 행동하잖아요. 이런 격언을 들어봤을 거예요. '행동하기 전에 생각하라!' 여러분은 생각과 느낌에 따라 행동했겠지만, 그에 관해 더 깊이 **생각하지 않은** 거예요. 예를 들자면, 여러분의 행동이 나중에 어떤 결과를 초래할지 깊이 사고하지 않았다는 뜻이에요. 이와 같은 생각에 대한 생각을 **메타 인지**라고 한답니다(108쪽 **생각에 대한 생각**을 보세요).

누구도 다양한 사고 방식을 동시에 쓸 수는 없지만, 필요한 경우 자동으로 작동해요. 달리면서 장애물을 뛰어넘는 것과 비슷하지요. 여러분의 뇌는 먼저 달리는 움직임을 제어한 다음 뛰어넘는 움직임을 제어해요. 여러분이 얼마나 멀리 뛰거나 얼마나 빨리 달릴 수 있는지 알고 싶을 때 체육 선생님은 스톱워치로 시간을 재거나 자로 거리를 측정해요. 조사하는 대상에 적합한 도구

를 사용하는 거죠.

동물의 사고에 관심이 있는 연구자들도 이와 비슷하게 일해요. 어떨 때는 논리적 사고를 시험하고, 어떨 때는 추상적, 전략적, 창의적 사고를 시험해요. 때로는 자의식이 있는지 알아보기도 하고, 기억력이 얼마나 좋은지도 살펴요. 동물이 공정함을 인지하는 능력이 있는지, 어떤 문화 속에서 살고 있는지 알고 싶어 하기도 해요. 동물은 이 모든 것을 할 수 있다는 점에서 우리와 별반 다르지 않아요.

정보 상자

동물은 전쟁을 벌일 수도 있어요. 그러기 위해서는 전략적, 계획적, 논리적 사고를 할 수 있어야 해요. 그렇게 세운 계획에 대해 다시 생각해야 할 수도 있어요. 전쟁은 너무나 복잡한 행동이거든요. 우간다 키발레 국립공원에서 일어난 일을 예로 들어볼게요. 연구자들은 침팬지 일부가 조용히 앞뒤로 열을 지어 다른 침팬지 무리의 영역으로 침투해서 공격하고 죽이는 사건을 기록했어요. 이 게릴라 전술은 원래 살고 있던 침팬지가 자기네 영역으로 감히 들어갈 엄두를 내지 못할 때까지 계속됐어요. 전쟁이 끝나자 공격자들은 정상적으로 행동했어요. 앞뒤로 줄을 지어 조용히 일렬로 다니지 않고 곳곳으로 흩어져 시끄러운 소리를 냈답니다. 다른 말로 하면, 그들은 싸워서 얻은 새로운 영역을 집처럼 느끼게 된 거예요.

감정의 세계

올바른 짝 고르기

감정도 생각과 비슷해요. 여러분은 웃으며 재미를 느끼는 동시에 화를 낼 수는 없어요. 누군가에 대해 깊이 슬퍼하면서 감정을 절제하지 못하는 것과 마찬가지예요. 이렇게 감정도 개별적으로 드러나요. 예외 상황은 아주 이상하다고 느끼죠. 그렇지만 여러분은 기쁨과 슬픔이 교차하는 감정을 느낀 적이 있을 거예요. 예를 들면 졸업 같은 일 말이에요. 학업 과정이 끝나 모두와 이별하게 되는 것은 슬프지만, 새로운 배움의 기회가 기다리고 있으니 기쁜 일이기도 하잖아요? 이럴 때 우리는 모순되는 감정을 함께 느끼는 거예요.

감정은 진화 과정에서 등장한 중요한 통제 기제랍니다. 감정은 그 순간에 의미가 있는 특정 행동이 일어나도록 해요. 예를 들어 내가 뭔가를 두려워한다면, 이 감정은 나를 안전한 상황에 있도록 돕는 장치죠. 이제 아주 특별한 감정을 살펴볼게요.

사람들은 대부분 가족을 세상에서 가장 중요하다고 생각해요. 친구도 있고, 일도 있고, 취미도 있지만, 행복한 가족은 무엇과도 비교할 수 없는 보물이지요. 그렇다면 가족은 어떻게 만들어질까요?

코? 네, 맞아요. 후각을 이용한답니다. 두 개체가 어느 날 서로에게 적합한 냄새를 맡고선 가족

을 이루고 아이를 낳아요. 말도 안 되는 이야기 같지만, 후각으로 짝을 찾는 방법이 생긴 것은 5억 년 전의 일이랍니다. 물고기도 이런 방식으로 짝을 찾아요.

모든 사람에게서 좋은 냄새가 나는 것은 아니에요. 사춘기 이후에는 형제자매 사이라도 서로 냄새가 난다고 주장하기도 해요. 이것은 사실 **근친 교배**를 막는 독창적인 방법이랍니다. 가까운 친족끼리 아이를 낳으면 **유전병**이 나타날 확률이 일반적인 경우보다 훨씬 높거든요. 아이를 낳기 위해서는 서로 아주 가까이 지내야 하기 때문에 '악취'가 이를 막아 주는 셈이죠. 그렇다면 정확히 어떤 냄새가 나는 걸까요?

우리의 코는 **면역 체계**를 나타내는 물질의 냄새를 맡아요(107쪽 정보 상자를 보세요). 서로의 면역 체계가 비슷하면 우리는 상대방한테서 냄새가 난다고 생각해요. 하지만 상대의 면역 체계가 자신의 것을 보완한다면 우리 코는 매혹적인 향기로 인식해요. 그 향기와 관련된 사랑의 감정이 끈끈한 관계의 시작점이랍니다.

척추동물(그러니까 어류, 양서류, 파충류, 조류, 포유류)의 짝짓기는 전부 이렇게 이뤄져요. 우리는 모두 코끝을 자극하는 냄새로 짝을 선택하게 되는 것이죠. 이 일은 태어날 아이들에게도 좋은 일이에요. 부모보다 더 좋은 면역 체계를 물려받을 수 있으니까요.

실험

제가 킬(Kiel)에서 대학을 다닐 때였어요. 어느 날 친한 친구가 와서는 겨드랑이털을 달라는 거예요. 저는 깜짝 놀라서 그저 쳐다볼 수밖에 없었는데, 그 친구가 파트너를 선택하는 실험에 참여하고 있으며 모든 여성 참가자에게 남성의 털을 받아오라 했다고 털어놓는 거예요. 여러분이 사람들에게 다가가기가 두렵지 않다면 주변 사람들의 체취를 킁킁거리며 맡아 보세요. 그리고 여러분이 하려는 냄새 테스트에 참여하기 위해 하루 동안 냄새 제거제를 쓰지 않을 수 있는지 어른들께 여쭤보는 것은 어떨까요?

어휴, 퀴퀴한 냄새가 풍겨요!

정보 상자

면역 체계

면역 체계는 질병으로부터 우리를 보호해요. 편도샘, 림프샘, 가슴샘, 비장, 골수 같은 장기에서 박테리아, 바이러스, 단세포 병원체, 벌레, 독소와 싸우는 다양한 유형의 세포를 생산하지요. 병원균에 의해 죽을 확률이 포식자에게 잡아 먹히거나 차에 치일 확률만큼이나 높기 때문에 면역은 아주 중요해요. 상상할 수 없겠지만 면역 체계는 매일 여러분의 생명을 구하고 있답니다.

← 음, 당신과 아이를 낳고 싶어요….

생각에 대한 생각

연구자들은 이것을 메타 인지라고 불러요.

예전에는 인간만이 자신에 대해 생각할 수 있다고 믿었어요. 철학자들은 오랫동안 이 능력이 인간에게만 있는 능력이고 인간을 인간답게 만드는 특성이라고 생각했어요. 오늘날 우리는 많은 동물이 자신에 대해 생각할 수 있다는 사실을 알고 있어요. 그렇다면 이론적으로 동물을 인간과 비슷하게 대해야 하니 약간 이상하다고 느낄지도 모르겠네요.

이 능력을 실험하는 방법은 아주 간단해요. 110쪽 실험 내용을 찬찬히 읽어 보세요. 이런 비슷한 실험을 동물을 대상으로 하거나 어린 동생들에게 할 수도 있어요. 하지만 이 모든 일을 강제로 하지 않도록 주의하세요. 그렇지 않으면 실험이 제대로 이뤄지지 않거든요. 어떤 대상이 실험에 통과하지 못했더라도 메타 인지 능력이 있기도 해요. 단순히 실험에 참여하고 싶지 않았을 수도 있고, 성공에 따르는 보상이 마음에 들지 않았을 수도 있으니까요. 실제 연구자들도 이런 문제를 겪는답니다.

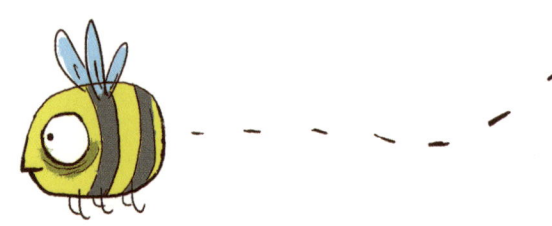

↖ 꿀벌은 자기 자신에 대해 생각할 수 있어요.

비둘기도요! ↑

정보 상자

메타 인지

메타 인지란 자신의 생각에 대해 스스로 성찰하는 것을 의미해요. 예를 들면 자기의 지식, 태도, 의견, 감정 또는 자신의 창의성에 관해 생각하는 것이죠. 그리스어로 '메타'는 어떤 것 '너머에' 있다는 뜻이고, '인지'는 '무엇을 아는 정신적 과정'을 뜻해요. 따라서 메타 인지는 '생각 너머에 있는 생각'을 의미한답니다.

실험

생각에 대한 생각을 테스트하는 방법은 정말 간단해요. 친구와 같이 해 보세요. 일단 답하기 쉬운 질문과 대답하기 어려운 질문을 생각해 두세요. 질문에 올바르게 대답했다면 초콜릿 과자를 받을 수 있어요. (보상으로 당근을 받고 싶은 친구는 없겠죠?) 틀린 답을 할 경우 아무것도 받지 못해요. 그런데 세 번째 선택지가 있어요. 질문을 들은 다음 대답을 할지 말지를 결정할 수 있는 거예요. 이 순간 참여자들은 자기가 아는 것에 대해 생각하면서 메타 인지를 활용해야 해요. 질문에 대답할 수 있는지, 지식이 충분한지, 아니면 추측해야 하는지 자신에게 묻게 되거든요. 답을 맞히려고 할 경우 초콜릿 과자를 받을 확률은 절반밖에 안 되겠죠. 하지만 괜히 추측하지 않고 질문에 답하지 않기로 결정하는 경우, 위로 차원에서 초콜릿 과자 4분의 1을 받을 수 있어요. 그러니까 대답해서 과자를 얻거나 얻지 못할 확률은 50:50이지만, 답하기를 포기하면 초콜릿 과자 한 조각은 확실히 받을 수 있는 셈이죠.

메타 인지를 가진 동물은 아예 못 받는 것보다 조그만 과자 조각이라도 받는 편이 낫다고 생각해서 종종 위로 차원에서 주는 보상을 선택합니다. 자신의 생각에 대해 생각할 수 없는 동물은 그저 운을 시험해 볼 뿐이고요.

110

인간만 자신에 대해 생각할 수 있는 존재는 아니랍니다. 쥐와 같은 많은 동물도 이렇게 할 수 있으니까요.

집단 지성

헨젤과 그레텔, 개미의 공통점

새나 물고기 떼가 포식자에게 얼마나 유기적으로 반응하는지 TV에서 본 적이 있을 거예요. 포식성 물고기나 맹금류가 무리를 향해 달려들면 이들은 마법처럼 흩어졌다가 어느새 다시 뭉쳐요. 포식자가 얼마나 빨리 달려드는지, 어느 방향에서 접근하는지, 태양 빛을 받으며 오는지, 태양을 등지고 오는지에 따라 무리는 독특한 방식으로 행동하지요. 때로는 주변을 둘러싸 포식자의 방향감각을 잃게 하여 무리에서 벗어나고 싶게 만드는 경우도 있어요. 이런 모습을 보면 무리 지성 혹은 집단 지성을 생각할 수 있어요. 사실 동물들은 바로 옆에 있는 동료의 방향에 맞춰 헤엄치거나 나는 것뿐이긴 하지만요. 어떤 동물도 혼자서 무리 전체의 행동을 파악할 수는 없어요. 그렇지만 동물 무리가 상호작용하는 모습을 보면 아주 지적으로 보여요.

그러나 일부 연구자는 이런 예시가 설득력이 없다고 말한답니다. 저도 그들 말에 동의해요. 진짜 지적인 행동에는 확실한 근거가 있어야 하기 때문이에요. 개미는 이에 대한 적절한 예가 될 수 있어요. 연구자들은 이것을 **여행하는 세일즈맨 문제**라고 불러요. 세일즈맨은 많은 고객을 방문하길 바라면서도 얼른 일을 끝내고 집으로 돌아가고 싶어 하잖아요? 미국의 아마존 같은 대형 물류 업체는 컴퓨터를 사용해서 가장 짧고 동시에 가장 빠른 경로를 계산한답니다.

개미는 컴퓨터가 없지만 이와 같은 문제를 해결할 수 있어요. 먹잇감이 있는 곳까지 갔다가 돌

아오는 최단 경로를 신기한 마법처럼 발견하거든요. 헨젤과 그레텔처럼요. 개미들은 자신이 가는 길에 냄새로 흔적을 남기기 때문에 길을 찾을 수 있어요. 모든 개미가 이런 식으로 행동하기 때문에 수많은 냄새의 흔적이 만들어져요. 그중 하나의 냄새 흔적은 다른 모든 흔적에 비해 짧아요. 먹잇감으로 가는 최단 경로를 찾은 개미가 두 번 왕복하는 동안 다른 개미들은 첫 번째 여행을 겨우 끝내고 돌아가는 길이겠죠.

최단 경로를 왔다 갔다 하며 반복적으로 표시하면 그 길은 점점 강한 냄새를 풍기겠죠. 이때 기발한 트릭이 작동한답니다. 다른 개미가 원래 길을 벗어나 냄새가 진하게 나는 길로 이동해 자기 냄새를 추가로 남기는 거예요. 이렇게 시간이 조금 지나면 거의 모든 개미가 가장 짧은 길을 찾을 수 있게 되는 거예요.

개미가 내는 길은 단순해 보여도 물류 배송의 걸작이자 무리 지성의 아주 멋진 예랍니다.

이 엄청난 물고기 떼 속에서는 아무리 상어라도 당황할 수밖에 없겠어요.

언어가 먼저일까요, 생각이 먼저일까요?

정보 상자

인간에게도 집단 지성이 존재할까요?

이 질문을 들으면 대부분은 그렇다고 대답하면서 독일의 유명한 TV 프로그램인 <누가 백만장자가 될까요?>라는 퀴즈쇼를 언급할 거예요. 여기서는 시청자 답변을 찬스로 쓸 수 있거든요. 참가자가 답을 잘 모를 땐 많은 시청자가 낸 공통의 답을 참고할 수 있어요. 연구자들은 이를 집단 지성이라고 불러요. 여기서 잠깐 두 질문을 살펴볼까요?

1. 독일인이 좋아하는 음료는 맥주일까요?   예/아니오
2. 괴테가 태어난 도시는 바이마르일까요?   예/아니오

사람들은 대부분 위 두 문제의 정답을 '예'라고 선택할 거예요. 독일 사람들이 맥주보다 커피를 선호하고, 괴테가 프랑크푸르트에서 태어났다는 사실을 잘 모르기 때문이죠. 이처럼 집단 지성은 때로 한계를 드러내기도 해요. 연구자들은 이런 점에 주목해 한 가지 묘안을 생각했어요. 참가자에게 시청자의 답변을 따라 답을 선택할지 아니면 자신이 고른 다른 답을 선택할지 추가로 물어보는 거예요. 그랬더니 대부분의 사람들이 잘 모르는 것을 좀 더 명확히 알고 있는 참가자는 질문에 대해 '아니오'라고 대답했어요. 이런 식으로 시청자의 답변을 참고한 참가자의 추가 질문에 대한 답변을 분석하면 대중보다 참가자가 옳은 답변을 할 가능성이 높다고 예측할 수 있답니다.

• 이 프로그램은 1999년 9월 3일부터 지금까지 독일에서 방영되고 있는 아주 오래된 퀴즈쇼랍니다. 15문제를 모두 맞힌 1등은 300만 유로(약 44억 원)를 받을 수 있어요. 참가자들은 시합 중에 답을 잘 모를 경우 네 번의 찬스를 쓸 수 있어요.

실험

개미가 되면 어떨까요?

종이 한 장을 준비해 여러분 앞에 길게 펼쳐 두세요. 왼쪽은 출발점이고 오른쪽이 도착점입니다. 이제 참가자 수만큼 종이에 자유롭게 선을 긋습니다. 선의 길이는 달라야 하지만 선과 선이 교차해도 괜찮아요. 자, 이제 게임을 시작해 볼까요? 게임 참가자는 출발점에서 시작해 돌아가며 1센티미터 되는 지점에 점을 찍으면서 도착점을 향해 나아갑니다. 도착점에 도달한 사람은 되돌아갑니다. 그런데 이번에는 자기 선의 첫 번째 점 바로 옆에 점을 찍습니다. 단 자신의 선보다 해당 영역에 더 많은 점이 찍힌 선을 건너는 경우 경로를 바꿔서 이동해야 합니다. 이런 식으로 몇 회를 거치면 가장 짧은 경로에 점이 더 많이 찍히게 되고 거의 모든 참가자가 이 선을 따라 왔다 갔다 하는 모습을 보게 될 거예요. 개미도 이런 식으로 최단 경로를 찾아 움직인답니다.

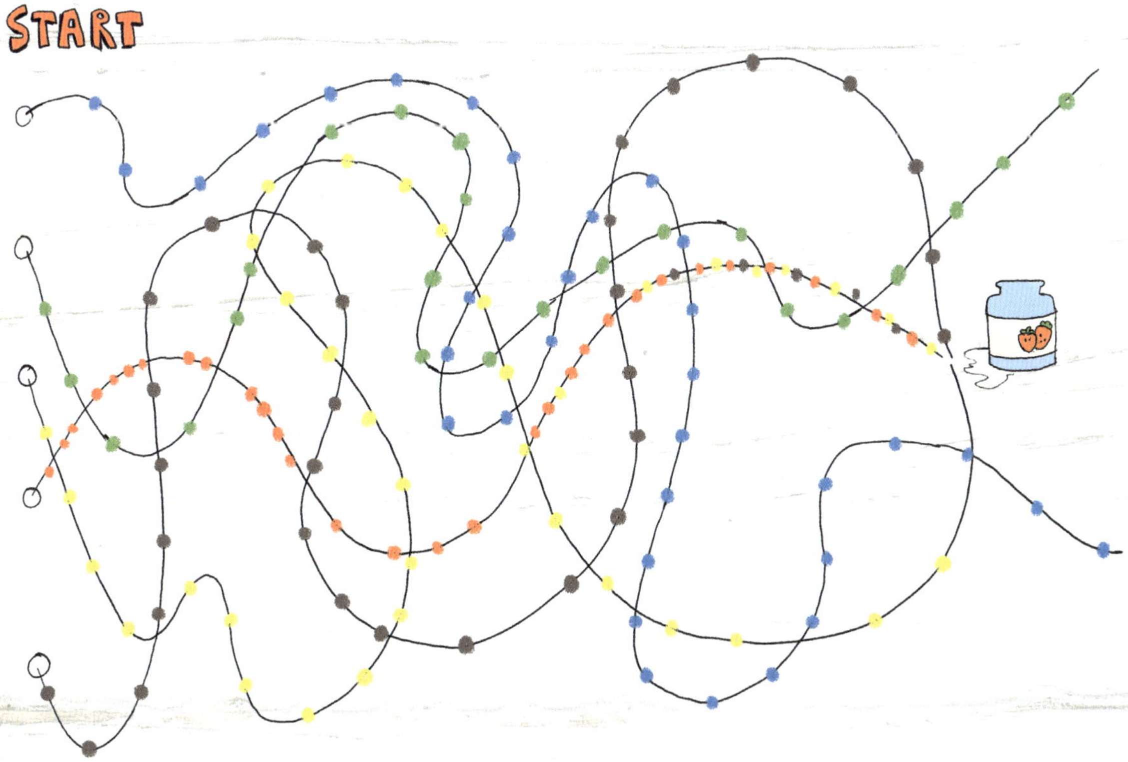

START

동물을 의인화해도 될까요?

동물과의 관계와 동물에 대한 이미지는
역사를 알아야 이해할 수 있어요.

동물을 의인화해도 될까요?

석기 시대부터 중세까지

인간이 동물을 보호 대상으로 여기던 시대가 있었어요.

약 3만 년 전에 네안데르탈인이 멸종한 것을 기억하고 있죠? 3만 년 전, 우리에게도 그런 일이 일어날 뻔했어요. 유전학자들은 약 7~6만 년 전 인류의 개체 수가 2000명 정도로 확 줄어들었다고 추정해요.

도대체 무슨 일이 일어났던 걸까요? 기후가 변해 날씨가 점점 추워지고 극지방의 빙하가 점점 커지고 있었어요. 빙하는 공기 중의 수분을 엄청나게 빨아들였고, 적도 지역은 극도로 건조해졌어요. 거대한 사막과 얼음 덩어리 사이에 갇힌 우리 조상들에겐 살 공간이 거의 남지 않았죠. 그런데 극지방이 녹아 내리자 새로운 무인도가 생겨났어요. 빙하의 가장자리에 먹을 것이 많아져서 우리 조상들뿐만 아니라 들소, 바이슨, 야생마, 사슴 같은 대형 초식동물들이 정착해서 살았어요. 검치호랑이 같은 대형 포식자들은 이들을 잡아먹으면서 살았고요. 이런 거대한 동물들 사이에서 우리 조상들은 혼자서는 살아남기가 어려웠어요. (빙하기 동물들이 왜 그렇게 컸는지 알고 싶다면 **베르크만의 법칙**을 참조하세요!) 하지만 작은 유전적 돌연변이가 그들의 사회생활을 변화시켰어요. 다른 유인원 종과 달리 우리 종은 집단에 소속되고 싶어 하는 경향이 있어서 **협력**을 더 잘할 수 있었거든요. 200만 년 이상 돌로 만든 도구를 사용하는 동안 인류는 지구에서 실질적인 지배 종으로 우뚝 섰어요.

이런 집중적인 협력을 통해 거대한 초식동물과 육식동물을 전략적으로 사냥할 수 있었고, 다층적인 문화 발전의 토대를 마련할 수 있었어요. 다양한 언어도 이러한 문화의 일부랍니다.

4만 년 후, 그러니까 지금으로부터 약 2만 년 전에 우리 인류는 전 세계로 퍼졌어요. 멸종 직전이던 작은 **직비원류**의 아종에서 우리는 세계적으로 영향력을 행사하는 존재가 되었고 친구들도 생겼습니다(123쪽 정보 상자를 보세요).

그 당시와 농사를 시작한 약 1만 년 전까지만 해도 우리는 사냥과 육식에 의존했어요. 이 치열한 사냥의 시대가 없었다면 우리 인류는 멸종했을 거예요(아래 정보 상자를 보세요).

정보 상자 1

석기 시대에 먹는 법

사실 이 시기는 인류 역사를 통틀어 극히 일부에 해당해요(200만 년의 인류 역사에서 집중적으로 육류를 섭취한 기간은 약 4만 년이므로 2%에 불과하지요). 98%의 나머지 기간에 우리는 견과류와 과일, 그리고 다른 식물을 먹고 살았거든요. 육류를 너무 많이 먹는 것은 건강에 해로울 수 있어요. **세계보건기구(WHO)**는 일주일에 300그램 이상의 붉은 고기나 소시지를 섭취하지 말라고 경고해요. 독일에서 두 번째로 흔한 대장암은 과도한 육류 섭취로 인해 발생하거든요.

정보 상자 2

거대 초식동물 이론과 과잉 포식 가설

이름에서 알 수 있듯이 이 두 주장은 입증되지 않았지만 과학자들 사이에서 논의되고 있어요. 관찰한 많은 현상을 잘 설명하기 때문에 저는 꽤 설득력이 있다고 본답니다.

최근까지 독일의 자연 식생은 너도밤나무숲이고, 과학자들은 이 거대한 숲이 유럽의 여러 나라에 걸쳐 넓게 퍼져 있었다고 추정해요. **거대 초식동물** 이론에 따르면 마지막 빙하기 이후 광범위하게 퍼진 대형 초식동물이 자유롭게 풀을 뜯어 먹어 숲이 정갈하게 정리됐다고 해요.

그 커다란 동물들은 수천 년도 지나지 않아 포식자와 함께 사라졌어요. 약 1만 년 전에는 빙하기를 대표할 만한 거대동물이 존재하지 않게 되었지요. 과잉 포식 가설은 우리 인류가 동물을 죄다 잡아먹었다고 가정합니다. 단기간에 동물이 멸종한 곳곳에 인류가 살고 있었으니까요. 우리 조상들의 무기와 그들의 영리한 협력 활동 때문에 동물이 사라진 거예요. 우리 인류는 석기 시대 종의 멸종뿐만 아니라 오늘날 급격하게 생물 종이 감소하는 상황에도 책임이 있어요.

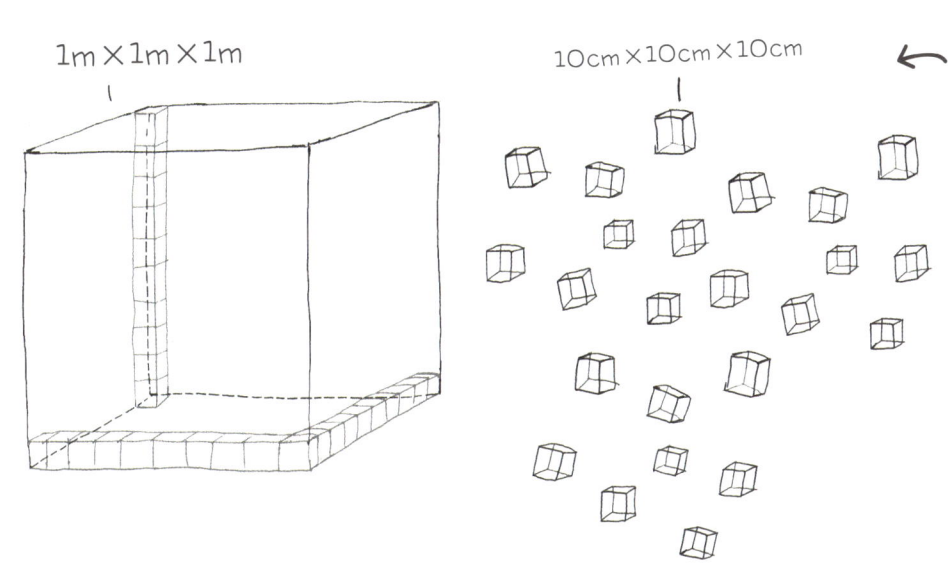

1m×1m×1m 크기 물체의 표면적은 6제곱미터입니다. 이것을 10cm×10cm×10cm 크기의 작은 물체 1000개로 쪼개면 표면적이 60제곱미터가 돼요. 표면적이 10배 더 커지고 표면을 통해 10배나 많은 에너지가 발산돼요. 그러니까 추운 곳에서는 몸집이 커지는 쪽이 생존에 유리하답니다.

약 3만 년 전 우리 조상들이 지내던 전형적인 풍경은 대략 이런 모습일 거예요. 거대 초식동물이 정리한 숲은 울창하지 않아 길을 쉽게 찾을 수 있었고, 숨을 수 있는 장소도 많아 사람들에게 이상적이었어요. 과거 우리에게 유용했기 때문에 오늘날 우리가 이런 자연의 모습을 좋아하는 것이랍니다.

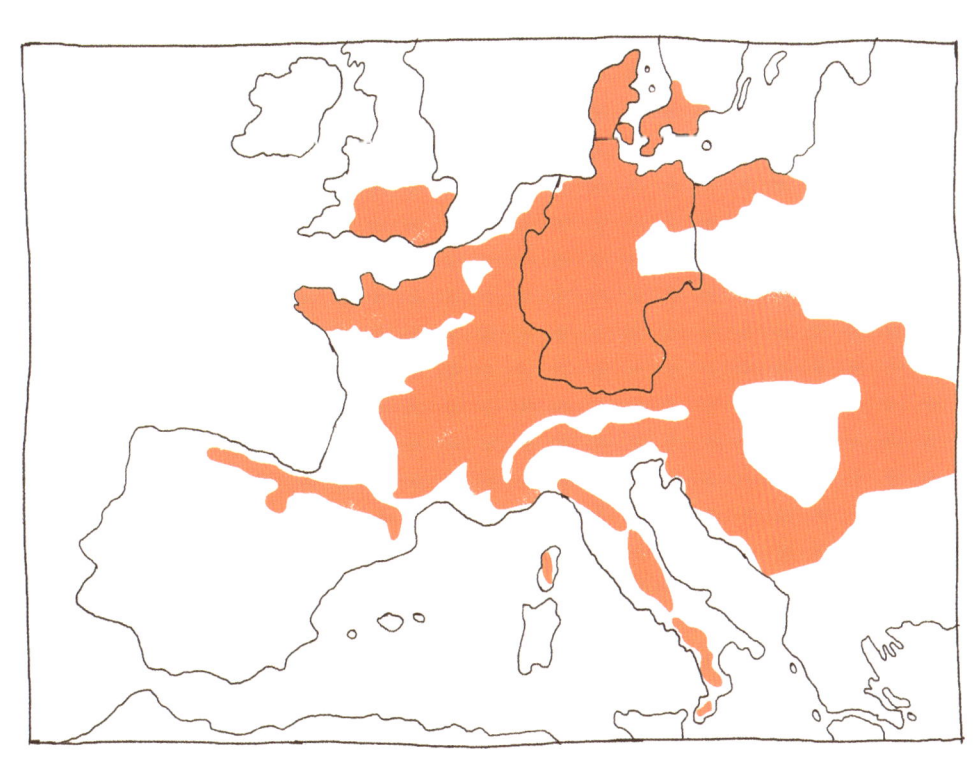

유럽에서 너도밤나무숲이 분포하던 모습

동물을 의인화해도 될까요?

중세부터 계몽주의 시대까지

1000년의 광기

약 1000년 전까지만 해도 사람들은 사냥에 몰두할 때 어떤 피해가 발생할 수 있는지에 관해 아는 바가 없었어요. 이때까지만 해도 사냥할 수 있는 사람이라면 누구나 숲에 들어가 동물을 잡았죠. 하지만 점점 동물이 줄어든다고 생각해서 결국 사냥을 금지했어요. 물론 모두에게 해당하는 원칙은 아니었어요. 제후나 왕은 자신의 영지에서 사냥을 할 수 있었으니까요. 이를 제외한 사냥은 밀렵으로 간주하여 엄격하게 처벌했답니다.

이 시대에는 인간과 동물이 살아가는 모습이 근본적으로 바뀌어 있었어요. 여러 세대에 걸쳐 야생동물을 길들인 결과 잘 지내며 공존할 수 있게 되었거든요. 그러자 야생동물 사냥에 의존하지 않게 되었죠. 농부는 자신이 사육하는 가축에서 고기나 유제품을 얻기도 하고, 밭에서 일하거나 마차를 끄는 데 가축을 이용하기도 했어요. 사람들이 너무 가까이 살다 보니 자연스레 사고가 발생하고 다치거나 죽는 일도 생겼어요. 이런 경우 범인을 찾다가 동물에게 책임을 돌리는 일도 많았어요. 당시에는 동물을 재판에 회부하고 형을 선고했어요. 오늘날 이런 일은 상상하기 어렵지만요.

이런 관행은 계몽주의 시대, 그러니까 **이성적 사고**가 인간 행동에 영향을 끼치기 시작한 1700년경부터 바뀌었어요. 이때는 이성적으로 행동하는 사람과 본능에 따라 행동하는 동물을 명확하게 구분했거든요. 동물이 의도적이거나 악의적으로 행동한다고 비난할 수 없게 되자 동물 관련 재판은 사라졌어요. 하지만 인간과 동물의 사이는 점점 멀어졌고 인간은 스스로를 만물의 영장이라고 여기게 됐답니다.

정보 상자

인간의 가축화

사람들은 우리의 조상이 늑대를 길들였고 현재의 개들이 늑대로부터 나왔다고 믿어요. 그러나 이와 정반대의 견해를 가진 과학자들도 있답니다. 늑대가 우리를 길들였다고 보는 거예요. 실제로 늑대가 인간을 찾았을 가능성도 있어요. 늑대의 접근을 받아들인 사람들은 더불어 사는 혜택을 누렸어요. 늑대들은 주거지를 잘 지켜 주었고 사냥할 때도 도움이 되었죠. 이런 이점 덕분에 늑대 없이 사는 사람들보다 늑대를 길들인 사람들이 더 많은 후손을 남길 수 있있죠. 과학에선 이를 가축화라고 해요. 이를 달리 본다면 늑대가 인간을 가축화했다고 볼 수도 있어요. 약간 터무니없는 말처럼 들릴지도 모르지만, 앞의 생각만큼 논리적인걸요. 인간과 늑대가 서로를 가축화한 것은 의도적인 과정은 아니었을 거예요. 두 종의 만남은 어느 순간 일어났을 것이고, 함께 지내며 서로 득을 본 것뿐일 테니까요.

동물을 의인화해도 될까요?

브렘의 동물 생활

동물 의인화의 왕

서양에서 가장 성공한 생물학 책은 예나 지금이나 《브렘의 동물 생활》이에요. 동물에 대한 알프레트 브렘(Alfred Brehm)의 생각은 1870년부터 전 세계로 퍼져 나갔어요. 저는 당시 사람들이 오늘날 대부분의 사람들보다 동물에 대해 훨씬 더 나은 시각을 가지고 있었다고 봐요.

동물학자였던 브렘의 아버지, 알렉산더 폰 훔볼트(Alexander von Humboldt), 찰스 다윈과 달리 알프레트 브렘은 살아 있는 동물에 관심이 많았어요. 그가 살던 당시의 과학자는 대개 수집가였어요. 지구상의 수많은 동물을 죽이고, 채집하고, 박제하고, 핀으로 고정하고, 방대한 수집품으로 보관하여 진화를 이해하는 토대를 마련했어요. 이런 유형의 연구는 신이 부여한 질서가 아니라 자연을 있는 그대로 설명했기 때문에 당시로서는 현대적이고 아주 중요했답니다.

알프레트 브렘도 당대의 과학적 흐름 속에 있었어요. 하지만 그는 더 많은 것을 원했어요. 그는 책과 논문을 통해 동물에 관한 지식을 수집하려고 노력했어요. 여행을 많이 다니고, 오래된 문헌과 최신 연구 보고서를 읽을 뿐만 아니라 살아 있는 동물을 면밀히 관찰했어요. 이러한 관찰을 통해 동물을 묘사함으로써 그는 큰 성공을 거두었어요. 그가 그려 낸 동물은 인간처럼 느끼고 생각했고, 포유류에 대한 그의 설명은 오늘날에도 놀랄 정도로 정확했거든요. 이처럼 그

는 시대정신에 맞게 동물 세계에 대한 훌륭한 이해를 전달해 주었어요. 하지만 그가 사용한 의인화라는 방식은 과학적이지 않았기 때문에 사실과 달리 잘못된 경우도 많았어요. 예를 들어 그는 뱀을 교활하다고 하고, 독수리 같은 거대 맹금류를 사악하게 묘사했어요. 그가 좋아하는 새와 인간을 위협하는 동물이 없어져 버리면 좋겠다고 얘기한 것과 같지요.

정보 상자

생물학자인 알프레트 브렘은 1829년부터 1884년까지 살았어요. 세계에서 가장 성공한 작가 중 한 사람이었지요. 100년 전, 《**브렘의 동물 생활**》은 독일 중산층 가정의 서가에서 두덴(Duden) 사전과 브록하우스(Brockhaus) 사전* 옆에 꽂혀 있었어요. 그는 당시 가장 인기 있었던 주간지 《가르텐라우베(Die Gartenlaube)》에 게재한 아프리카 여행과 여행 보고서로 유명해졌어요. 이후 함부르크와 베를린의 동물원 원장이 되었어요.

* 두 권 모두 유서 깊은 독일어 사전이에요.

동물을 의인화해도 될까요?

영리한 한스

정직한 것이 훨씬 좋아요.

지금으로부터 124년 전인 1900년 무렵, 사람들은 똑똑한 동물이 있다고 믿었어요. 이 때문에 계산을 할 수 있고, 읽고 쓸 줄 아는 동물들이 박람회에 등장했답니다. 그중 하나가 영리한 한스였어요. 한스는 수학 교사인 **빌헬름 폰 오스텐**(Wilhelm von Osten)이 소유한 말이었어요. 영리한 동물은 대부분 나중에 가짜였다는 사실이 드러났어요. 조련사가 미묘한 신호를 보내 적절한 순간에 동물이 반응하도록 했기 때문이죠. 그런데 영리한 한스는 뭔가 달랐어요. 조련사가 없어도, 누가 문제를 내더라도 영리한 한스는 올바르게 답할 수 있었거든요. 예를 들어 "이 방에 몇 명의 남자가 모자를 쓰고 있어?"라는 질문을 받으면 한스는 발굽을 13번 두드렸어요. 이와 유사한 질문에 한스는 아무런 문제 없이 답할 수 있었기 때문에, 그의 능력은 프로이센 과학 아카데미 조사위원회가 인정할 정도였어요. 위원회는 한스가 실제로 인간과 비슷한 지능이 있다고 거의 증명할 수 있을 것 같았어요. 하지만 조사가 끝나기 직전 한 대학생이 다른 실험을 수행했어요. 눈을 가리자 영리한 한스는 갑자기 2+2 같은 간단한 계산조차 할 수 없었답니다.

그때 과학계는 충격에 빠졌어요. 동물이 실제보다 더 똑똑하다고 여기는 중대한 실수를 저지를 뻔했기 때문이에요. 그때의 연구자들이 동물의 지능에 관한 실험을 다시 발표하기까지 30년 이상이 걸렸어요. 이런 충격은 **행동주의**(다음 장을 보세요)라는 새로운 과학적 개념의 토대를 놓는 계기가 되었어요.

정보 상자

오늘날의 과학에 비추어 봐도 영리한 한스의 능력은 상당히 인상적이에요. 한스는 아주 작은 신호라도 정확하게 해석하는 능력이 있었던 게 분명해요. 지금도 과학자들은 한스가 어떻게 정답을 맞혔는지 확신하지 못해요. 영리한 한스는 살아 있는 동안 수많은 경험을 쌓았기 때문에 아주 작은 움직임을 알아채고 이를 낯선 사람들에게 전달할 수 있었던 걸까요? 그렇다면 놀라울 정도로 뛰어난 기억력을 가졌던 게 틀림없어요. 하지만 다르게 볼 수도 있어요. 영리한 한스가 사람처럼 생각하고 느꼈을지도 모르니까요. 다른 사람의 생각과 감정을 자기 머릿속으로 그려보는 능력은 정신 발달의 최고 단계로 여기는데, 이를 마음 이론이라고 해요. 제 생각엔 당시 연구자들이 영리한 한스가 얼마나 영리했는지 제대로 알아보지 못했던 것 같아요.

실험

영리한 한스가 되어 보세요!

이 실험을 하려면 두 사람이 있어야 해요. 한 사람은 영리한 한스 역할을 하고, 다른 한 사람은 1에서 20까지의 숫자 중에 하나를 생각해 두세요. 메모지에 쓴 숫자를 보이지 않게 들면 영리한 한스 역할을 하는 사람은 메모지에 쓰인 숫자를 맞혀야 해요. 정답을 맞혔다고 생각할 때까지 손바닥으로 책상을 두드려 보세요. 그러면 영리한 한스가 얼마나 놀라운 성과를 거뒀는지 알게 될 거예요.

주의 사항: 실험할 때 안대를 쓰지 마세요. 서로 마주 서서 정답을 맞혔는지 아닌지 확인할 수 있어야 하니까요. 영리한 한스나 여러분이나 눈을 가리고서는 아무것도 알아낼 수 없을 거예요.

동물을 의인화해도 될까요?

행동주의

미국 심리학계에서 시작된 연구예요.

연구자들이 검은색 상자에 관심을 보인다는 것을 상상할 수 있나요? 간단하진 않지만 **행동주의**라는 과학적 접근 방식은 실제로 **블랙박스**에 몰두하고 있답니다.

블랙박스란 연구 대상 동물을 의미해요. 여러분은 블랙박스란 안이 들여다보이지 않는 상자라는 것을 이미 알고 있을 거예요. 그러니까 그것은 우리가 이해할 수 없는 무언가를 뜻해요. 과학자들이 동물을 블랙박스라 여긴다면 '도대체 그들은 무엇을 연구하고 싶은 거지?' 하는 궁금증이 들겠죠. 전부를 이해하긴 어렵지만, 이런 접근법 자체가 아주 번뜩이는 아이디어랍니다. 연구진은 영리한 한스 같은 사례를 접하고는 동물의 생각이나 감정 같은 내면에 대해서는 추측하지 않는 편이 낫다고 생각했어요. 동물이 생각하는 바를 볼 수도 없고, 동물에게 말을 걸거나 질문할 수도 없다고 봤으니까요. 그래서 행동주의는 동물이 외부에서 어떤 자극을 받고 그에 대해 어떻게 반응하는지만 다뤘어요. 동물의 내면 세계는 무시되었죠. 행동주의는 모든 반응이 조건화에 따른 경험을 바탕으로 이뤄진다고 가정해요(정보 상자를 참고하세요).

동물은 이런 관찰 방법을 통해 프로그래밍된 것처럼 특정한 자극에 똑같이 반응하는 살아 있는 로봇 같은 존재가 되어 버렸어요. 다소 터무니없게 들리겠지만, 행동주의는 지난 100년 동안 전 세계에 널리 퍼졌을 뿐 아니라 연구자들은 엄격한 규칙에 따라 실험하는 것을 자랑스러워했답니다.

오늘날 우리는 동물의 머리를 실제로 들여다보고 그들이 생각하는 것을 관찰할 수 있어요. 자기공명영상(MRI) 같은 영상 기술 덕분에 이런 일이 가능해졌죠. 영리한 실험을 통해 우리는 동물이 생각할 때 어떤 능력을 발휘하는지 알아낼 수 있어요.

하지만 행동주의가 전성기를 누릴 때조차 비판적인 목소리도 있었답니다. 이와 관련된 내용은 바로 뒤에서 살펴볼게요.

정보 상자

스키너 상자는 동물을 대상으로 실험을 수행하는 상자랍니다. 이 상자는 최대한 자극이 없도록 만들어야 해요. 동물의 관심을 끄는 것이 없어야 어떤 방해도 받지 않고 실험을 진행할 수 있으니까요. 상자 속 동물은 정답을 맞히면 먹이를 얻지만, 잘못된 답을 하면 전기 충격을 받아요. 먹이를 얻기 위해 행동할 동기를 부여하기 위해 실험 대상 동물은 몸무게의 4분의 1, 그러니까 25퍼센트까지 살이 빠질 정도로 굶어야 한답니다. 제가 실험 동물이라면 15~20킬로그램을 줄여야 할 텐데, 그러면 해골처럼 보일 거예요.

스피커
색깔 버튼
급식기
반응 레버
전기 충격을 주는 격자판

동물을 의인화해도 될까요?

본능 이론

본능적으로 한 거야.

얼마 전까지만 해도 본능에 따라 행동하는 동물과 이성적으로 생각하는 인간 사이에는 명확한 구분이 있었어요. 평소에 우리는 자신의 행동을 설명하기 위해 본능이란 단어를 써요. "그건, 본능적으로 한 거야." 이런 식으로요. 우리는 어떤 일을 했고, 그 일이 잘됐든 안 됐든, 사실상 그게 전부예요. 본능은 이성적인 행동과 관련 없는 것들을 설명하는 데 사용될 수 있기 때문에 심리학자에게도 아주 중요한 역할을 해요. 우리가 인간과 동물의 본능에 대해 많은 이야기를 하지만, 정작 그것은 존재하지 않는답니다. 연구자들이 수십 년간 본능을 찾으려 애를 썼지만 발견하지 못했어요. 대신 오늘날 우리는 인간과 동물의 행동을 생각하기와 느끼기로 설명하지요.

유명한 행동생물학자인 **콘라트 로렌츠**와 **니콜라스 틴베르헨**은 행동주의로 모든 것을 설명할 수는 없다고 느꼈어요. 이들은 다른 학습 방법이 있다는 것을 알아냈어요. 예를 들어 콘라트 로렌츠는 야생 기러기로부터 각인을 발견했어요(실험을 보세요). 니콜라스 틴베르헨은 동물에게 본능이 있어야 한다고 봤어요. 물 한 그릇을 받은 개가 어떤 때는 물을 마시고 어떤 때는 물을 마시지 않는지 설명할 다른 방법이 없기 때문이에요. 이 경우 본능에서 나온 이유는 당연히 갈증이겠죠. 여러분은 이런 설명을 논리적이라고 생각하겠지만, 똑똑한 연구자들은 이런 문제를 놓고도 수십 년간 논쟁을 벌였답니다.

로렌츠와 틴베르헨은 본능 이론을 확립하여 행동주의와 균형을 이루고자 했어요. 비록 성공

하진 못했지만 이들은 비교행동생물학의 공동 창시자로 여겨져요. 제 책에 나오는 많은 사례는 오늘날에도 관련이 있는 이 연구 분야에서 나왔답니다.

거위는 콘라트 로렌츠가 행동주의를 의심하게 만들었어요.

실험

각인은 아주 특별한 학습 형태입니다. 배운 것을 잊을 수도 있는 조건화와 달리 각인은 지속되거든요. 콘라트 로렌츠는 기러기 새끼들이 알에서 부화한 후 처음 본 대상을 어미로 인식한다고 추측했어요. 그의 실험은 기발하고도 간단했어요. 그 자신이 알을 부화시켰을 뿐이거든요. 부화한 어린 새들이 처음 본 대상은 수염을 기른 노인이었어요. 어린 새들은 그를 계속해서 어미라고 생각했고요. 이후 셀 수 없이 많은 살아 있는 어미를 봤지만 그 어떤 것도 수염 난 남자로부터 어린 새들을 떼어낼 수 없었어요. 새끼 새들은 로렌츠를 졸졸 따라다녔죠. 그러니까 여러분은 이런 실험을 막연히 따라 하면 안 돼요. 잘못된 각인은 여러분이 집작하듯 어린 새들에게 끔찍한 결과를 초래할 수 있기 때문이에요. 원한다면 여러분은 영화 <아름다운 비행>이나 <아름다운 여행> 중 하나를 볼 수 있어요.

사람들은 초경량 비행기를 타고 어느 정도 자란 기러기들에게 올바른 방향을 알려 주었어요. 새끼 때 부모와 떨어진 이 새들은 남쪽으로 가는 길을 찾을 수 없었거든요.

동물을 의인화해도 될까요?

오늘날 동물에 대한 우리의 이미지

인간은 동물일 뿐이에요, 아니면 동물이 인간과 똑같든가요.

종교 때문에 진화를 거부하는 사람을 제외하면 오늘날 대부분이 우리가 동물계에서 진화했다는 사실을 받아들이고 있어요. 우리가 셀 수 없이 많은 다양한 동물 가운데 한 종이라는 사실도 마찬가지로 알고 있고요. 생물학적 관점으로 볼 때 우리는 특별한 존재가 아니지만, 인간이 피조물 중에 최고라고 생각하고 싶어 해요. 우리의 인식에 따르면 인간이 최고로 발달했고, 그보다 하등한 영장류, 코끼리, 돌고래가 있고, 나머지 생물은 이보다 훨씬 덜 발달했다고 여길지 몰라요. 하지만 이런 생각은 시대에 뒤떨어진 거예요. 이것은 동물을 본능에 따르는 존재로만 생각하던 시대에 나온 것이거든요.

오늘날 우리는 동물이 우리 인간과 똑같은 방식, 그러니까 사고와 감정을 통해 행동한다는 것을 알고 있어요. 사유와 감정은 인류의 역사보다 훨씬 더 오래되었어요. 아마도 많은 동물이 우리와 아주 비슷한 방식으로 느낄 거예요. 하지만 우리는 어떤 동물이 어떤 능력을 가지고 있는지는 명확히 구분해야 해요. 예를 들어 다수의 동물 종은 논리적으로 생각할 수 있어요. 이들의 논리적 사고가 우리의 논리적 사고와 다르다고 생각한다면 이야말로 비논리적인 결론이겠죠. 또한 우리가 동물에 대해 느끼는 감정처럼 동물도 '느낀다'고 가정할 수 있어요. 동물은 다양한 감정에 따라 행동하니까요(정보 상자의 예를 보세요). 감정은 인간이 존재하기도 전에 동물의 행동을 통제하고 있었어요. 그러니까 우리가 어떤 일을 하게 하는 특별한 감정을 느낀다면 우리는 진화의 과정에서 발전해 온 아주 오래된 메커니즘을 따르고 있는 것이랍니다. 그런데 우리의 논리적 사고나 감정에 대해 깊이 생각하는 것은 조금 다른 문제예요. 이런 능력을 가진 동물은 그리 많지 않으니까요(108쪽 **생각에 대한 생각**을 보세요). 우리는 이런 능력을 갖춘 동물과 우리를 비교할 수 있을 뿐이에요. 하지만 대부분의 경우 우리는 이런 일을 염두에 두지 않고 우리의 사고와 감정이 시키는 대로 행동해요. 이런 순간 우리는 대부분의 동물과 똑같이 느낄 거예요.

정보 상자

이상한 감정: 예를 들어 우리가 외롭거나 혼자라고 느낄 때 이 불쾌한 감정은 다른 사람들과 친해지도록 만들어요. 그래도 거절을 당하면 더 끔찍한 기분이 들겠죠. 사회적인 동물에게 공동체의 일원이 되는 일은 아주 중요하기 때문에 이런 감정은 좋지 않답니다. 하지만 나쁜 감정이 우리가 무리에 속하게끔 더욱 노력하게 하는 측면도 있어요. 돈을 발명해서 사회적 호감이나 친구까지 살 수 있게 된 우리 인간에게는 이런 감정이 100퍼센트 그대로 적용되지는 않겠지만요. 돈이 충분하다면 평생 무리에 속하려고 노력하지 않아도 돼요. 그러면 과연 우리는 행복해질까요? 장기적으로 보면 그렇지 않을 거예요. 우리는 여전히 외롭다고 느낄 테니까요.

동물을 의인화해도 될까요?

언어가 생각을 만들까요?

다양성이라는 풍요로움

여러분은 언어가 먼저일까요, 생각이 먼저일까요? 단원에서 배운 내용을 기억하고 있나요? 그렇다면 언어가 생겨나기 훨씬 오래전에 생각이 생겨났다는 사실을 알고 있을 거예요. 그렇지만 언어가 생각을 형성하게 한다는 것도 이해하겠죠. 외국어를 잘한다면 여러분은 외국어가 단순히 **어휘**와 문법으로만 구성되어 있지 않다는 사실을 알고 있을 거예요. 언어는 특정한 문화와 사고방식을 나타내니까요.

언어학자인 레라 보로디츠키(Lera Boroditsky)는 인류가 단 하나의 사고방식이 아니라 7000가지의 사고방식을 발전시켜 왔다고 말해요. 이것은 각각의 언어(우리가 알고 있는 약 7000개의 언어)가 독창적인 사고방식을 만들어 냈다는 의미예요. 보로디츠키는 호주의 쿠크 쎄이요르 부족의 방향 감각을 논거로 즐겨 사용해요. 그 부족은 '왼쪽'과 '오른쪽'이라는 개념을 알지 못해요. 그들은 이런 용어를 쓰지 않거든요. 다섯 살짜리 아이라도 언제 어디서든, 어떤 상황에 있더라도 정확한 방위를 알기 때문에 늘 구체적인 방향을 지시합니다. 이들은 인사할 때도 "안녕하세요"라고 말하는 것이 아니라 어느 방향에서 왔고 어느 방향으로 가는지를 말해요. 140쪽 실험 1을 따라서 해 보세요.

감정도 이와 비슷해요. 예를 들어 영어에는 '다른 사람이 행한 수치스러운 일에 대해 대신 느끼는 부끄러움'이라는 용어가 없어요. 한국어에도 '부끄러움은 왜 나의 몫인가?'를 뜻하는 명확한 용어가 없잖아요? 그래서 다른 사람의 행동을 대신 부끄러워하는 상황을 설명하려면 시간이 걸리죠. 반면 독일어에는 '**프렘트쉐멘**(fremdschämen)'이라는 용어가 있어요. 잘못을 저지른 당사자가 아닌 내가 그의 입장에서 부끄러움을 표현할 때 쓰는 말이에요. '**대리수치**'

정도로 이해할 수 있을 거예요. 혹시 부모님이 친구들 앞에서 여러분에게 뽀뽀할 때 당황한 적이 있나요? 어쩌면 그때 여러분이 부모님을 부끄러워했을지도 모르겠네요. 하지만 아이한테 부모가 뽀뽀하면 안 되나요? 그게 부끄러운 일은 아니잖아요, 안 그래요?

때로 언어는 아주 위험할 수도 있고 우리 사고에 부정적인 영향을 끼칠 수도 있어요. 이에 대해선 다음 장에서 살펴볼게요.

> 나는 생각한다, 고로 나는 존재한다.

정보 상자

인간성

인간성이란 용어는 인간다움, 인간을 인간답게 하는 무언가를 뜻해요. 뜻으로만 보면 이 용어는 오로지 인간에게만 써야 할 것처럼 보이지만, 저는 그렇게 쓰는 사람을 보지 못했어요. 단어로만 따지면 동물과 인간을 완전히 다르다고 본 건 사실이지만요.

실험

실험 1

이 책을 반으로 펴서 남남동 같은 방위를 맞춰 보세요. 운이 좋으면 익숙한 곳을 참고해 방위를 알 수 있겠지만, 여러분이 어디에 있든지 늘 정확한 방위를 알아야 한다면 어떨지 상상해 보세요.

나는 남남서에서 왔고 북으로 갈 거야. 너는?

어이쿠, 저는 나침반을 깜빡했어요….

실험 2

어떤 언어는 사물에 남성 혹은 여성 같은 성(性)을 부여하여 관사를 써서 표현해요. 예를 들어 독일에서는 '태양(日)'에 여성 관사 'die'를 붙여서 'die Sonne'라고 하고, 스페인에서는 남성 관사인 'el'을 붙여서 'el sol'이라 하지요. 한국어는 사물에 성을 부여하지 않으니 복잡하지 않지만, 독일이나 스페인에서 언어를 배운다면 과거 사람들의 고정관념을 마주해야 할 때가 있어요. 언어는 오래전에 만들어졌기 때문에 과거 남성이 많이 쓰던 사물, 예를 들어 책상, 연필, 의자 등은 남성형 명사로 분류해요. 과거 여성이 많이 쓰던 사물, 예를 들어 꽃, 식물, 꽃병 등은 여성형 명사로 분류해요. 이제 두 그룹으로 나눠서 실험을 해 볼게요. 한 그룹은 독일에서 남성형 명사로 분류될 것 같은 대상을 찾아서 써 보세요. 다른 한 그룹은 여성형 명사로 분류될 것 같은 대상을 찾아서 써 보세요. 답을 다 썼다면 사전을 활용해 독일어의 성에 맞춰 분류했는지 확인해 보세요. 이번 실험으로 다른 언어를 쓰면 사고하는 방식도 다를 수 있다는 사실을 어느 정도 눈치채셨나요?

141

동물을 의인화해도 될까요?

언어의 힘

인간과 동물을 구별하는 말은 인간에게 실용적으로 쓰여요.

다음과 같은 표현을 보면 어떤 생각이 드나요? 인간에겐 '인구', 동물에겐 '**개체군**'이란 표현을 써요. 인간은 한 지역에 '거주'하고, 동물은 한 지역에 '서식'하지요. 인간에겐 '문화'가 있고, 그 밖에 다른 모든 것은 '자연'이라고 해요. 인간은 '아이'를 낳고, 동물은 '새끼'를 낳아요. 사냥개의 한 품종을 일컫는 영어 단어인 블러드하운드(Bloodhound)에는 '피(Blood)'라는 단어가 들어 있는 반면 독일어 단어인 슈바이스훈트(Schweißhund)에는 '땀(Schweiß)'이라는 단어가 들어 있어요. 고기를 얻기 위해 인간은 가축을 도축해요. 여러분은 어떤 '고기'를 먹고 싶나요? 넓적다리 안쪽 '살'인가요? 아니면 육즙이 가득한 '햄'인가요?

이처럼 언어는 우리의 사고와 행동에 영향을 끼치는 힘이 있어요. 우리가 누군가를 나쁘게 평가하고 나면 그 사람을 거칠게 대하기가 쉬워져요. 동물을 대하는 방식도 이와 똑같아요. 많은 사람들이 농장의 가축을 막 대해도 괜찮다고 생각해요. 고기를 얻을 목적으로 키우는 것이라서 당연하다고 여기는 거죠.

이성적으로 생각하는 연구자라도 이런 자기기만에서 벗어나기 어려워요. 예를 들어 그들은 실험용 동물인 '쥐'에 관해 이야기하지 않고 '쥐 모델'에 대해 이야기해요. 그들이 실험하는 것은 살아 있는 쥐가 아니라 인간을 대신해 활용되는 모델일 뿐이라는 의미로 이런 표현을 쓰는 거예요.

심리학에서는 이런 사례를 피해자에게 책임을 전가하는 것이라고 얘기한답니다.

정보 상자

법률

동물의 입장에서 보면 우리 인간이 그들에 대해 어떻게 생각하고 말하는지가 중요해요. 그런데 현행 법률과 과학 소견서는 동물에 대한 낡은 행동주의적 관점을 기반으로 하고 있어요. 왜 우리의 언어와 법률을 시급히 바꿔야 하는지, 이젠 알겠죠?

내가 잘못 생각했던 걸까?

실험

동물에게 도움이 되는 방식으로 언어를 사용할 수도 있어요. 텍사스에 있는 일부 연구자들은 '의인화가 동물 복지를 만든다'라는 이름을 붙인 인상적인 실험을 발표했어요. 여러분이 원한다면 따라서 해 보세요!

동물과 관련된 이야기를 하나 만드세요. 예를 들어 작은 고양이 이야기일 수 있겠죠. 세 형제가 있는 한 고양이에게 어느 날 불행한 사건이 일어나요. 고양이는 가족과 헤어져 모험을 하다가 결국엔 가족의 품으로 돌아가요. 여기서 중요한 점은 이 이야기를 서로 다른 두 가지 방식으로 써 보는 거예요. 한 번은 동화책처럼 고양이를 의인화해서 쓰세요. 고양이들은 친구도 있고 형제도 있어요. 이들은 특히 간식을 좋아해요. 이런 식으로요. 또 한 번 쓸 때는 같은 이야기에 객관적이고 과학적인 용어를 사용하세요. 예를 들면 몇 센티미터 크기의 고양이 어미가 나타나 먹이를 게걸스럽게 먹었고, 이들에겐 친구가 아니라 같은 종의 동료만 있다는 식으로요. 이제 여러분에겐 이야기를 평가해 줄 두 그룹의 독자가 필요해요. 한 그룹에겐 의인화해서 인간적으로 쓴 이야기를 보여 주고, 다른 한 그룹에겐 과학적인 용어가 들어간 건조한 이야기를 보여 주세요. 그런 다음 동물 보호소에 가서 자원봉사를 얼마나 할 수 있는지 물어보세요. 여러분이 무작위로 이야기를 보여주더라도 의인화한 표현어 들어 있는 이야기를 읽은 그룹이 더 오랜 시간 자원봉사를 하겠다는 의사를 밝힐 거예요.

이들의 운명이 우리 손에 달려 있어요.

동물과 대화하기

의사소통에서 가장 중요한 부분은 대화랍니다.

동물과 대화하기

맥락 속에서 나타나는 트릭

상황이 내용을 결정해요.

저는 종종 휴대전화를 꺼내서 '동물 언어 통역기' 앱을 클릭할 수 있다면 얼마나 좋을까 하고 생각해 봅니다. 사랑하는 네발 달린 동물 친구에게 바로 질문할 수 있을 테니까요. 그러면 앱은 특정한 방식으로 짖거나 야옹 소리를 내며 우리 질문을 동물에게 전달한 다음 답변을 우리말로 표현해 줄 거예요. 이건 어쩌면 실현되지 않을 아름다움 꿈일지도 모르겠어요. 최근 동물의 의사소통이 예전에 생각하던 것보다 훨씬 더 복잡할 수 있다는 증거가 나왔거든요. 새로운 소리를 배울 수 없는 동물의 경우 우리와 소통하기는 더 어렵겠죠.

새로운 소리를 배울 수 있는 동물은 이론적으로 언어를 가질 수 있어요. 그런데 "멍멍", "야옹", "히잉" 하고 항상 똑같은 소리만 내는 동물은 그럴 수 없어요. 이들은 태어날 때부터 유전적으로 부여된 소리로만 소통할 수 있거든요.

앞에서 배웠듯이 검은이마티티는 두 가지 서로 다른 경보음을 갖고 있는 원숭이예요. 하나는 하늘에서 날아오는 적이 있을 때, 다른 하나는 땅에서 다가오는 적이 있을 때 사용하지요. 연구자들은 이것을 그냥 울음소리 A, 울음소리 B라고 불러요. 간혹 맹금류가 땅에 내려앉아 있거나 고양이가 나무 위에 올라가 있는 경우도 있어요. 이럴 경우 울음소리가 결합된답니다. 이렇게 하면 어떤 위협적인 존재가 오는지, 어디에 잠복해 있는지를 알려 줄 수 있어요. 오직 두 가지 소리로 이런 일을 할 수 있다니 정말 멋지지 않나요? 하지만 한 가지 문제가 있어요. 이 작은 원숭이들은 끊임없이 울음소리 B를 낸다는 거예요. 경보음이라 하기엔 실용성이 떨어지죠. 그런데 연구자들은 원숭이들이 울음소리를 들을 때마다 바로 숨지는 않는다는 사실을 알아냈어요. 그러니까 연구자들이 간과한 어떤 트릭이 있었다는 얘기예요. 이를 알아내기 위해 연구자들이 컴퓨터로 경보음을 면밀히 분석한 결과, 울음소리 B가 상황에 따라 조금씩 다르게 들린다는 사실을 발견했어요. 이건 우리 인간은 알아차릴 수 없는 현상이었죠.

정확한 분석을 통해 동물의 울음소리가 상황에 따라 뜻이 조금씩 달라진다는 걸 알았다 해도 저라면 놀라지 않을 거예요.

따라서 제 조언은 다음과 같아요. 동물이 처한 상황을 주의 깊게 살펴보세요. 여러분에게는 똑같이 들리더라도 전혀 다른 의미일 수 있으니까요.

티티원숭이 아과에 속한 원숭이. 무슨 할 말이 있는 걸까요?

야옹?

실험

데니스 헤르징과 바벨피시

여러분이 이 실험을 해 볼 수 있으면 좋겠어요. 솔직히 말하자면 저도 이 실험을 해 보고 싶었어요. 데니스 헤르징은 야생 돌고래의 의사소통에 관심이 있는 미국 연구자예요. 돌고래의 휘파람 소리와 혀를 차는 소리는 너무 빨라서 우리가 이해하기 어려워요. 헤르징은 음성 인식 컴퓨터와 같은 방식으로 작동하는 통역 컴퓨터를 사용해요. 이 장치를 쓰면 특정한 용어를 돌고래의 휘파람 소리로 변환할 수 있거든요. 헤르징은 수년간 여름이 되면 바하마 주변 해역 돌고래를 찾아가고 있어요. 돌고래들은 헤르징의 보트에 익숙해져서 위험하지 않다는 걸 알고 있어요. 돌고래들은 종종 헤르징에게 다가와서 말을 걸기도 한답니다. 아직 실험 결과가 나오지 않았지만 기대해 봐도 좋을 것 같아요.

정상적인 돌고래는 이렇게 행동하지 않아요.
이런 행동은 쇼를 위한 것일 뿐이랍니다.

동물과 대화하기

자폐증에서 나온 묘안

템플 그랜딘은 세상에 다양한 종류의 사고가 필요하다고 해요.

"**언어적** 사고에서 벗어나 이미지로 생각해 보세요. 아주 작은 시각적, 청각적 정보 또는 다른 세부 사항에 집중해 보세요. 잡다한 생각이나 감정을 무시하고 오직 하나의 핵심 감정에만 집중해 그것을 강렬하게 느껴 보세요." 가축을 연구하는 교수인 템플 그랜딘은 자폐인의 사고방식을 이런 식으로 묘사했답니다. 그랜딘은 자폐증의 경미한 형태인 아스퍼거 증후군 진단을 받았기 때문에 이런 식의 사고가 자연스러웠어요. 동물의 입장에서 보고 느끼며 공감하는 그랜딘의 능력 덕분에 수많은 동물이 공장식 축산 환경에서 벗어날 수 있었어요. 그의 생각에 맞춰 도축장과 공장식 축산 농장이 리모델링되었거든요.

아마도 이런 사고방식이 여러분에게도 도움이 될 거예요. **명상**과 비슷해서 조금만 연습하면 훨씬 잘하게 될 테니까요.

정보 상자

메리 템플 그랜딘(Mary Temple Granding, 1947년 출생)은 미국 포트콜린스시에 있는 콜로라도 주립대학교에서 가축 연구를 가르치고 있어요. 그랜딘은 상업적 축산업을 위한 시스템 설계 전문가예요. 아스퍼거 자폐인이어서 남들과 조금 달랐던 그의 삶은 2010년 <템플 그랜딘>이란 영화로 만들어졌어요.

도축장으로 향하는 길을 길고 휘어진 통로 형태로 만들면
가축들이 받는 스트레스를 확연히 줄일 수 있답니다.
템플 그랜딘이 이런 시설의 토대를 마련했어요.

더 많은 트릭

감정 트릭과 관점주의

감정 트릭
이 책 머리말에서 인간과 모든 척추동물은 다른 동물 종의 특정한 감정을 이해할 수 있다고 얘기했어요. 28쪽 **노래**에서 음악을 들을 때 뇌의 동일한 부분이 사용된다는 사실을 배웠잖아요? 이건 다양한 감정을 느낄 때도 똑같이 적용될 거예요. 어쩌면 우리는 생각보다 더 자주 인상을 신뢰하는지도 몰라요. 그렇지만 우리는 동물을 지나치게 의인화하거나 인간에게만 있는 뭔가를 동물에게 적용하지 않도록 주의해야 한답니다. 동물마다 서로 다른 특별함이 있으니까요.

관점주의
이건 단순한 것을 복잡하게 설명한 단어예요. 118쪽 **석기 시대부터 중세까지**에서 우리는 인류가 약 4만 년 동안 성공적인 사냥에 의존했다는 사실을 배웠어요. 연구자들은 당연히 사냥꾼이 당시에 어떻게 행동했는지 관심이 있었어요. 이를 위해 오늘날 다양한 원시 부족을 찾아다니면서 이들 사이에 흥미로운 공통점을 발견했어요. 사냥꾼은 동물의 입장이 되어 생각해 보고 이를 인간화한다는 거예요. 동물의 관점으로 보면 우리 세상이 다르게 보이겠죠. 이것을 복잡한

용어로 **관점주의**라고 해요. 예를 들어 표범이 먹잇감을 막 잡았을 때 얼마나 기뻐할지 상상해 보세요. 표범이 먹잇감의 피를 마시는 것은 사냥에 성공한 사냥꾼이 **맥주**를 마시는 것과 똑같아요. 이처럼 사냥꾼들은 동물을 관찰한 것을 자신의 입장과 비교해 생각했어요. 이러한 인간화를 통해 동물을 더 깊이 이해할 수 있었어요. 여러분도 한번 시도해 보세요. 특정한 상황에서 어떤 기분이 들지 상상하고, 그 느낌을 동물의 반응과 비교해 보는 거예요.

정보 상자

인간화

여러분은 제가 동물을 의인화해서 얘기하길 좋아한다는 사실을 눈치챘을 거예요. 마찬가지로 사람을 동물화해서 얘기할 수도 있겠지요. 이런 묘사 방법은 인간과 동물 사이에 공통점이 많다는 것을 뜻해요. 물론 동물이 우리랑 정말 비슷하게 기능한다는 것을 알고 있을 때만 의인화할 수 있겠죠. 여러분은 136쪽 **오늘날 동물에 대한 우리의 이미지**에서 이런 내용을 배웠어요. 어떤 동물이 논리적으로 생각한다면, '인간과는 다른 논리적 방법으로 생각하겠지' 같은 생각이 비논리적이라는 것 말이에요. 물론 동물을 의인화해서는 안 되는 상황도 많아요. 우리의 도덕 규칙을 동물에 그대로 적용하면 안 되는 것처럼요. 동물이 다른 동물을 잡아먹는 것이나 죽이는 것을 끔찍하다고 여길지 모르겠지만, 동물들에게 이런 행동은 선이나 악이 아니라 진화의 과정에서 생겨난 결과일 뿐이거든요. 그러니까 우리는 동물이 정말 무엇을 원하는지에 대해 주의를 기울여야 해요. 말에 올라탄 기수는 재미있을지 모르지만 말은 그렇지 않을 수도 있으니까요.

동물과 대화하기

우리가 사랑하는 동물들

반려동물

저는 애견인이라고 할 수 있어요. 평생을 개와 함께 살았으니까요. 수년간 돌고래를 연구했지만 다른 어떤 동물보다 개를 더 잘 이해하고 있을 거예요. 다른 사람들에겐 이런 동물이 고양이, 말, 토끼일 수 있겠죠.

하지만 모든 동물이 본질적으로 똑같지 않고 동물과 우리의 관계도 조금씩 다를 수 있어요. 저와 12년을 함께한 개 다윈은 진정한 친구가 되지는 못했어요. 우리는 서로 잘 알고 존중하지만, 깊이 사랑하는 관계는 아니었거든요. 예전에 키우던 개를 캡틴 플린트라고 불렀는데, 솔직히 그 녀석이 제겐 최고의 친구였답니다.

이처럼 반려동물과 우리의 관계는 실로 다양할 수 있어요. 제가 동물을 사람처럼 대하거나 다양한 성격을 가진 인격체로 대우하면 사람들은 놀라곤 해요. 그러나 성격은 아주 오래전에 생겨난 것이고, 심지어 곤충에게도 개성이 있답니다(정보 상자를 보세요).

사육 조건

동물과 함께 살겠다고 결정했다면 그것이 정말 공정한 일인지 신중하게 생각해 보세요. "남에게 대접을 받고자 하는 대로 너희도 남을 대접하라"는 말에 충실해야 해요. 여러분이 반려동물을 위해 계획된 삶을 살고 싶은지 자문해 보세요. 키울 동물의 기본 욕구를 집중해서 공부해 보세요. 관련 서적이나 사육사의 말은 여러분이 먼저 생각을 정하고 난 후에 받아들여야 해요.

동물을 기르는 환경은 자연에 가까워야 해요. 과거에 가능했다고 입증된 방식을 따르는 것만으로는 안 돼요. 예를 들면 최근까지 토끼는 우리에 가두어 키우는 것이 관례였어요. 그런데 독일 동물복지 수의사협회는 동물이 사회성이 강하고 활동량이 많기 때문에 우리에 가두는 사육 방식에 반대한다는 목소리를 냈어요. 작은 우리에 가둬서 키우는 것은 이러한 두 가지 조건에 맞지 않죠. 새도 마찬가지예요. 종종거리며 뛰어다닐 정도의 새장은 까마득하게 높이 날 수 있는 자연환경과는 너무나 달라요.

개처럼 인간과 함께 잘 지낼 수 있는 동물도 드물다는 것은 의심할 여지가 없어요. 우리는 수만 년 동안 서로에게 적응해 왔으니까요. 많은 개들은 진정한 가족이에요. 하지만 언제든 집을 떠날 수 있는 고양이도 훌륭한 반려동물이랍니다. 집고양이라는 용어 때문에 오해하면 안 돼요. 고양이는 자연 속에 있는 것을 더 좋아하니까요.

동물 보호소 vs. 사육장

안타깝게도 주인이 없는 반려동물이 너무 많아요. 오늘날 조직화된 세상에서 그들은 길거리나 자연에 있을 자리가 없어요. 잡히면 동물 보호소로 보내지지요. 누군가 다가와 함께 살고 싶어 하기를 바라며 한동안 그곳에 머물지만 입양할 사람이 없다면 곧 죽게 돼요. 사육장에서 사 온 동물이 동물 보호소에서 안락사당하는 상황이 되기도 해요. 따라서 반려동물을 어디에서 구할지에 대한 답은 간단해요. 동물을 키우는 지인이나 친척 가운데서 적절한 대상을 발견할 수 있을 테니까요.

동물과 대화하기

애견인이 곤혹스러워하는 점: 목줄 착용 의무

저는 아름다운 중세 도시이자 목줄 착용 의무가 엄격한 에르푸르트에 살고 있어요. 안타깝게도 베를린과 달리 이곳에서는 증명서•가 있어도 반려견의 목줄 착용 의무를 면제받을 수 없었답니다. 우리가 에르푸르트로 이사 왔을 때 다윈은 아주 작았어요. 가장 가까운 운동 장소도 몇 킬로미터나 떨어져 있어서 다윈은 늘 목줄을 하고 나가야 했어요. 안타깝게도 저는 다윈과 에르푸르트에 사는 많은 개들에게서 행동장애의 뚜렷한 징후를 발견했어요. 견주들의 행동도 이상했고요. 목줄 착용 의무가 없는 동네에서는 개들이 마주치면 멈춰 서서 장난치는 동안 견주들은 대화를 나눴어요. 제가 킬에 살 때 친구들이 이웃과 친해지려고 제 개를 빌려 가기도 했지요. 그런데 목줄이 필수인 지역에서는 딴판이었어요. 불안한 개들은 만나면 공격적으로 짖기 시작했고, 견주들은 굳은 표정으로 개를 급히 끌고 갔거든요. 이런 상황이 얼마나 안타까운지 몰라요. 그래서 저는 무거운 마음으로 어떤 개에게도 그런 삶을 살게 하지 않겠다고 다짐했어요. 일곱 살인 저의 두 아들이 개와 함께 자랄 수 없을 테니 얼마나 안타까운지 몰라요.

정보 상자

동물의 성격: 성격과 개체의 특성은 자연의 오래된 발명품이며 곤충도 성격이 달라요. 예를 들어 용감한 파리 한 마리가 개체군에 새로운 먹잇감을 찾아 줄 수 있어요. 그런데 용감한 파리는 혼자 다니다 보니 누군가의 맛있는 먹이가 될 위험성도 크답니다. 겁이 많은 성격이라도 생존에 유리할 때가 있어요. 모든 파리가 용기 있는 파리를 따라갔다가 개구리에게 잡아 먹힌다면, 겁이 많은 파리는 자리를 떠나지 않았기에 살아남는 거잖아요? 모두가 사라지고 나면 겁쟁이 파리가 조용히 군집을 이루겠지요. 이처럼 개체의 특성에는 장점과 단점이 있고, 이런 다양성이 종의 생존을 보장한답니다.

• 독일에서는 행동 테스트에 합격한 개의 경우 증명서를 받아 목줄을 채우지 않을 수 있어요. 목줄 착용 의무는 주마다 다르답니다.

실험

여러분이 반려동물을 키우고 싶다면 동물을 키우는 사람들에게 동물을 돌봐 줘도 되는지, 개를 산책시켜도 되는지 물어보세요. 이런 제안을 하면 많은 사람들이 기뻐한다는 사실을 알게 될 거예요.

어쩐지 이곳은 외롭고 보호받지 못한다는 느낌이 들어요.

동물과 대화하기

우리가 사랑하지 않는 동물들

왜 우리는 어떤 동물은 먹고 어떤 동물은 먹지 않는 걸까요?

물개 같은 포유류가 더 맛있다며 물고기를 아예 먹지 않는 범고래가 있어요. 그런데 같은 지역인 캐나다 태평양 연안에는 물고기만 먹고 평생 포유류를 입에 대지 않는 범고래도 있어요. 서구처럼 나이프와 포크를 사용하거나 혹은 아시아처럼 젓가락을 써서 식사하는 우리 인간과 마찬가지로 범고래도 어떤 것을 먹거나 먹지 않는 문화권에 속해 있는 셈이에요. 여기에는 그럴듯한 이유는 없어요. 무슬림은 돼지를 먹지 않고 힌두교도는 소를 먹지 않아요. 이런 점에선 사람과 범고래 사이에 어떠한 차이도 없어요. 하지만 먹잇감이 되는 동물의 입장에서는 잡아먹히느냐 살게 내버려 두느냐는 큰 차이가 있죠. 인간의 경우 축산업의 규모를 결정할 수 있어요. 예를 들어 케밥을 고기와 함께 먹을지, **할루미 치즈**와 함께 먹을지 선택할 수 있잖아요. 소고기비빔밥과 산채비빔밥 중에서 뭘 먹을지 선택할 수도 있고요. 그러니까 우리의 취향이 동물의 삶과 죽음을 결정하는 거예요.

여러분은 142쪽 **언어의 힘**에서 피해자 책임 전가라는 개념을 배웠어요. 우리는 '가축'을 도살할 수 있어요. 하지만 '반려동물'에겐 그렇게 하지 않을 거예요. 반려동물을 죽이는 것은 엄격히 금지되어 있으니까요. 그렇다면 축산업자가 농장 가축을 죽이는 것은 왜 허용되고, 내가 반려동물을 죽이는 것은 왜 허용되지 않을까요? 동물행동학적 관점에서 보면 개와 돼지를 구별할

이유가 없어요. 둘 다 사회성이 뛰어나고 공감력이 있고 똑똑한 동물이에요. 이들은 우리 인간과 마찬가지로 부당한 대우를 받으면 고통을 겪지요. 그런데 돼지의 삶은 개의 삶과 다르게끔 인간에 의해 구성되어 있답니다.

바로 앞에 있는 **우리가 사랑하는 동물들**에서 토끼를 작은 우리에 가두어 사육해서는 안 된다는 것을 배웠잖아요. 독일 동물복지 수의사협회에 따르면 토끼 두 마리(약 3Kg)를 기르려면 최소한 6제곱미터 이상의 토끼장이 필요하다고 해요. 그런데 돼지 두 마리(약 200Kg)는 1.5제곱미터에서 사육할 수 있어요(실험을 보세요).

제가 보기에 현재 축사 환경은 다음 세대로부터 도덕적으로 비난받을 정도로 열악해요. 안타깝게도 많은 어른들은 동물이 우리와 똑같이 생각하고 느낀다는 사실을 깨닫지 못하고 있어요. 그래서 아무것도 바뀌지 않는 것일지도 몰라요.

잘 지내? 아니면 힘들어?

실험

우리의 실험은 간단한 산수예요. 집토끼의 생활공간은 어떤 이유로 공장식 축사에서 사는 돼지의 생활공간보다 더 넓어야 할까요? 몸무게와 상관 있는 요인이 있을까요? 우리가 아는 것은 200킬로그램에 해당하는 돼지 두 마리는 1.5제곱미터에, 3킬로그램에 해당하는 집토끼 두 마리는 6제곱미터에 산다는 사실이에요. 풀이 과정과 답은 아래에 있어요.

나는 멍청한 소가 아니라니까!

집토끼 한 마리는 돼지 한 마리보다 **250배** 이상의 공간을 사용할 수 있어요. 이 값은 어떻게 나왔을까요? 우선 돼지 두 마리 몸무게에서 토끼 두 마리 몸무게를 나누어 값(200Kg÷3Kg=66.6)을 구해요. 그러고 나서 토끼가 사용하는 면적을 돼지가 사용하는 면적으로 나누어 값(6m^2÷1.5m^2=4)을 구해요. 두 결괏값을 곱하면 266.4가 나온답니다.

생활 공간의 크기는 삶의 다양한 측면 중 하나에 불과할지 몰라요. 하지만 이 수치는 사육 공간의 불공정한 면모를 명확히 드러내요. 여러분이 쓰는 방이 20제곱미터라고 생각해 보세요. 그런데 제일 친한 친구가 이보다 250배나 큰 방을 갖고 있다면요? 말하자면 5000제곱미터에 해당하는 성 하나가 그 친구의 것이라는 말이 돼요. 그 반대 상황도 상상해 볼 수 있어요. 친구 방이 20제곱미터인데, 여러분이 그보다 250배 작은 방에서 산다고 말이에요. 그럼, 여러분의 방은 30×30센티미터에 불과할 거예요. 그러니 독일에서 돼지 한 마리가 1제곱미터도 안 되는 좁은 공간에서 사육되고 있는 것은 정말 끔찍한 일 아닌가요?

정보 상자

"이 더럽고 늙은 돼지야!"는 심한 욕설일 뿐만 아니라 사실에 맞지도 않는 말이랍니다. 연구자들은 스위스 알프스에서 멧돼지 몇 마리가 먹이를 먹기 전에 개울에서 깨끗하게 씻는 모습을 관찰했어요. 이에 흥미를 느낀 연구진은 바젤 동물원에서 실험을 진행했어요. 사료로 줄 사과를 반으로 갈라 반은 깨끗한 상태로 주었고, 반은 모래를 묻혀 더럽게 해서 돼지에게 주었어요. 그랬더니 동물원의 돼지가 먹기 전에 더러운 사과를 씻더라는 거예요. 깨끗한 사료는 곧바로 먹었고요. 그렇다면 왜 우리는 깨끗한 동물에 대해 잘못된 이미지를 갖고 있을까요? 혹시 우리가 돼지를 기르는 방법 때문은 아닐까요?

돼지에게도 동정심이 있어요. 공포에 사로잡혀 굳어 버린 돼지를 보면 다른 돼지도 똑같이 반응해요. 즐거워하는 돼지를 보면 흥이 나서 신나게 몸을 흔들며 같이 뛰놀고 싶어 하고요. 돼지는 과거를 기억할 수 있고, 학습 능력이 뛰어날 뿐 아니라 놀라운 공간 감각을 지니고 있어요. 사회성도 뛰어나서 친한 친구와 자신을 괴롭히는 나쁜 녀석을 구분한답니다.

동물과 대화하기

야생동물

돌고래 매개 치료 - 잘못된 환상

대학을 졸업하고 나서 저는 돌고래와 돌고래 매개 치료법을 연구하기 위해 몇 년간 플로리다와 이스라엘에 있었어요. 동물이 사람에게 헤엄쳐 오는 것을 좋아하는지에 대한 주제로 박사 학위 논문을 쓰고 있었거든요. 다른 훌륭한 과학자처럼 저도 **예비 연구**를 했어요. 그 연구에서 저는 돌고래가 돌고래 매개 치료를 받는 환자들에게 눈에 띌 정도로 자주 다가가 머문다고 적었어요. 이런 관찰을 기초로 저는 박사 학위 논문에 필요한 질문을 만들었어요. 그런데 이것부터 틀렸더라고요! 나중에 정확한 통계 방법을 사용했더니 돌고래가 사람들로부터 가능한 멀리 달아나려고 했다는 사실이 밝혀졌어요. 저는 왜 이런 실수를 한 걸까요? 당시에 저는 자격을 갖춘 생물학자였고, 박사 학위 논문은 제가 연구자임을 증명하기 위한 것이었는데요.

여러분이 약 15×20미터 크기의 수영장에 있다고 생각해 보세요. 플로리다섬 키 라르고에 있는 **돌핀스 플러스** 수영장은 바다와 닿아 있지만 철조망 울타리 때문에 돌고래가 바다로 나갈 수 없어요. 수영장에는 돌고래 다섯 마리가 살고 있는데 수영 강습 때는 사람이 여덟 명 더 들어가요. 이때 여러분은 돌고래가 움직임에 민감하게 반응한다는 것을 바로 확인할 수 있어요. 예를 들어 여러분이 풀밭이나 숲의 가장자리 또는 버려진 놀이터를 보고 있다고 해 보죠. 풀밭에서 메뚜기가 보이고, 숲의 가장자리에서 노루가 보이고, 숨바꼭질하던 와중에 조심스레 바깥을 내다보는 꼬마의 손가락이 보인다고 생각해 보세요. 우리 인간은 아주 미세한 움직임에도 반응하게끔 프로그래밍되어 있어요. 이것이 우리가 계속해서 텔레비전을 볼 수밖에 없는 이유랍니다. 무슨 일이 벌어지고 있는지 흥미로운 일인지는 중요하지 않아요. 움직임만으로도 충분히 볼 이유가 있으니까요. 제가 돌고래를 볼 때도 마찬가지였어요. 제 눈은 돌고래와 사람의 움직임을 계속 따라가고 있었어요. 열셋이나 되는 큰 생명체가 작은 수영장 속에 있다 보니 바짝 붙어 있을 수밖에 없잖아요. 컴퓨터로 분석하고 보니 돌고래가 사람이랑 접촉하는 것은 우연에 가깝고 대부분 사람에게서 멀어지려 했다는 사실이 드러났어요. 그러니까 제가 단단히 착각했던 거예요!

나중에 치료사들로부터 돌고래 매개 치료는 별다른 효과가 없다고 들었어요. 동물 매개 치료에서 정작 중요한 것은 환자와 동물 사이의 상호 작용이고 자발적으로 경험을 공유하는 것이랍니다. 그러니까 앞의 경우를 보면 치료가 제대로 될 수 없었어요. 돌고래는 자발적으로 인간에게 다가가려 하지 않았고, 설사 그렇더라도 치료사에게 보상으로 먹이를 얻을 생각이었기 때문이죠. 명확하게 말하자면 환자와 돌고래 사이에 그 어떤 교류도 없었던 거예요. 모든 것은 그저 쇼였어요. 건강이 더 좋아졌다는 느낌은 동물 매개 치료를 통해 이뤄진 것이 아니라 소위 **플라세보 효과** 때문이었어요.

하지만 사람들은 여전히 돌고래 매개 치료를 받거나 돌고래와 함께 수영하고 싶어 해요. 돌고래가 사람과 함께 있기를 좋아한다고 많이들 믿고 있지만 그건 일반적으로 잘못된 생각이에요. 물론 **고독한 돌고래** 같은 예외도 있어요. 이들은 돌고래 무리에서 떨어져 살며 종종 인간과 가까이 지내기도 하거든요. 하지만 몇몇 동물의 일을 돌고래 전체로 확대해서 해석하면 안 돼요. 우주인이 숲에 착륙해서 한 사람을 만났는데, 지구인이 죄다 숲에서 혼자 살기를 좋아한다고 믿는다면 엄청난 착각인 것과 마찬가지죠.

동물과 대화하기

이런 경험 때문에 저는 야생동물을 원래 있던 곳에 그대로 두는 편이 좋다고 생각하게 되었어요. 그들은 낯선 곳에 갇혀 살기를 원하지 않고 자연의 서식지에서 평범하게 살고 싶어 해요. 우리는 이런 동물을 존중하고 그들이 속해 있는 곳을 조심스럽게 방문해야 해요.

라쿤은 손재주가 좋으니 '손곰'이라고 불러도 괜찮지 않을까요?

정보 상자 1

사람들은 노루가 야행성이고 해 질 녘에야 은신처에서 나온다고 믿고 있어요. 하지만 틀렸어요. 노루는 우리처럼 낮에 활동하는 동물이에요. 그런데 이들은 밤에 사람들이 총을 쏘지 않는다는 것을 알게 됐어요. 이것을 우리에게 적용하면 깜깜한 밤에만 집 밖으로 나갈 수 있다는 얘기가 되는 거잖아요. 정말 슬픈 일이죠.

정보 상자 2

라쿤은 북미가 원산지인데 1934년 나치와 산림청장 헤르만 괴링에 의해 독일의 야생으로 방사되었어요. 일부 라쿤은 모피공장에서 달아나기도 했고요. 어른들은 이 귀엽고 영리한 동물이 집을 훼손하거나 가축들에게 해를 끼칠까 봐 두려워해요. 하지만 라쿤은 자연보호구역에서 잘 살아갈 수 있고 사람들이 집을 지킬 방법도 간단해요. 먹이를 주지 않기만 하면 돼요.

정보 상자 3

여러분은 독일에서 늑대가 나타나 종종 문제가 되고 있다는 이야기를 들어 봤을 거예요. 어떤 사람들은 늑대가 사는 숲을 걷는 것을 두려워해요. 다른 사람들은 늑대가 양 떼를 공격해 경제적 피해가 생길까 봐 두려워하기도 하고요. 하지만 대형 육식동물은 아프거나 다친 동물을 먼저 사냥해서 생태계 안에서 동물들이 건강한 군집을 유지하게 해요. 또한 늑대는 숲에 해를 줄 수 있는 사슴의 수를 조절하기도 해요. 이 경우에는 사슴이 숲이 아닌 초원에서 산다는 점을 고려해야 해요. 그곳에서 사슴은 풀이나 허브를 먹어요. 하지만 사람들이 사냥을 시작하자 사슴들이 숲에서 살게 되었어요. 그곳에는 풀과 허브가 거의 없기 때문에 사슴이 나무의 어린 순과 묘목을 먹어치워 숲에 피해를 주는 거예요. 늑대는 매우 예민하기 때문에 야생으로 방사한 이후 인간을 공격한 적이 없다고 알고 있어요.

동물과 대화하기

동물 훈련

대화, 과소 평가된 힘

애견 학교는 있는데 왜 고양이 학교는 없는 걸까요? 돌고래 수족관에서 돌고래는 먹이를 얻기 위해 묘기를 부려야 하지만, 동물원에 있는 사자는 왜 그렇게 하지 않을까요? 혹시 학습 능력과 관련이 있을까요? 개와 돌고래는 잘 배우는 반면 우리 집 고양이와 그 친척인 사자는 잘 배우지 못하기 때문일까요? 여기에 제시된 동물들은 고도로 발달한 포유류로 다양한 학습 과제를 쉽게 끝낼 수 있답니다. 그런데도 많은 고양이 집사들은 자기 고양이가 훈련받기에는 자기주장이 강하다고 믿고 있어요. 사실 견주의 입장에서 좋은 개란 잘 훈련된 개일 뿐이겠죠. 개와 고양이는 우리 문화의 한 부분일 뿐 동물의 기질과는 관계 없어요. 개가 고양이보다 **가축화** 기간이 길기 때문에 인간에게 더 잘 적응한 것이랍니다.

1만 년이 지나면 고양이가 어떻게 변할지 몰라요. 이건 동물의 지능이나 학습 능력과 관련 없는 일이에요. 집토끼나 말도 똑같아요. 훈련을 받고 안 받고는 동물과 관련이 없어요.

그러면 훈련은 대체 무엇에 좋은 걸까요? 승마장이나 애견 학교에서는 **조건화**를 통해 동물이 특정 방식으로 행동하도록 훈련해요. 이런 일은 매우 유용해요. '기다려'를 배우지 않은 개는 동네에서 늘 목줄을 차고 묶여 있어야 하기 때문이에요. 개가 목줄을 잡아끌면 개와 견주 양쪽 다 불편하기 때문에 적절한 거리를 두고 걷는 훈련도 필요해요. 또한 사람의 필요를 위해서라면 말도 조건화를 통한 훈련이 필요해요. 조건화가 없다면 이 세상의 어떤 말도 사람을 자기 등에 태

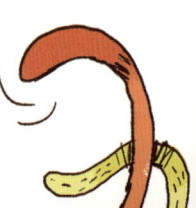

우려 하지 않을 테니까요. 동물을 훈련하는 방법과 적합한 훈련법을 소개하는 책은 셀 수 없이 많아요. 이 책에는 그런 내용을 쓰지 않을 거예요. 오히려 제게 새로운 세상을 열어 준 경험을 여러분과 나누고 싶어요.

목장 바로 옆에 지은 열린 축사. 이렇게 말들을 멋지게 키울 수 있어요.

우리는 서로 대화해요.

정보 상자

어느 날 저는 잠수복을 입고 녹화 장비를 들고 홍해 북쪽 끝에 있는 이스라엘의 돌핀 스 리프 바닥에 앉아 있었어요. 물속 5미터 아래에서 돌고래 무리가 놀고 있었어요. 외딴 바다에 사는 돌고래 중 한 마리인 방이가 제게 다가와 다이빙 장비의 호스를 물었어요. 제가 뭘 잘못했을까요? 저는 평상시와 똑같은 곳에서 수영을 했고 점잖게 행동했거든요. 그때 제가 바바라 스머츠(Barbara Smuts) 박사님이 야생 개코원숭이들의 습성에 관해 얘기한 내용을 잘 알고 있었더라면 좀 더 현명하게 행동했을 텐데 말이죠. 박사님은 동물들에게 다가가기 전에 먼저 인사를 해야 한다는 것을 알았어요. 인사하고 눈을 마주치는 행위는 마치 질문처럼 보였어요. 박사님은 개코원숭이들에게 가까이 가도 되느냐고 물어봤어요. 아무 일도 하지 않는 것과 아무 일도 없는 것처럼 보이는 것은 다르니까요. 저는 평화롭게 보이려고 아무것도 하지 않은 것은 아니었어요. 이제 저는 방이가 저에게 해를 끼칠 의도가 없었다고 생각해요. 자기 영역에 관계 없는 존재가 들어온 것을 이해할 수 없었기 때문에, 저를 영역 밖으로 내보내고 싶었을 뿐이라고 생각해요. 사실 그건 아주 논리적인 행동이었어요.

이 짧은 일화는 동물과 대화를 나누는 일이 얼마나 중요한지를 보여 주죠. 82쪽 **대화**에서 보았듯이 예전에는 인간만이 서로 대화할 수 있다고 믿었어요. 오늘날 우리는 곤충도 대화할 수 있다고 알고 있지요. 대화는 사회생활에서 중요한 요소예요. 누군가의 방해 때문에 노래를 그친 새가 공격적으로 반응했다는 얘기를 떠올려 보세요. 같은 일이 여러분에게 일어나면 똑같이 반응하지 않겠어요? 대화는 주고받는 상대가 있어야 해요. 훈련할 때는 대화가 아니라 한쪽은 명령하고 다른 한쪽은 명령을 수행하고요. 훈련을 너무 강조하는 사람은 동물과 함께하는 삶을 빼앗는 것처럼 보여요. 예를 들어 저는 개와 함께 산책할 때 어떤 쪽으로 가고 싶은지 물어본답니다. 개를 위해 산책을 나가는 건데, 개가 결정하면 안 될 이유가 있을까요? 개는 주변 상황을 잘 파악하고 있으며 교차로에서 주인의 말을 들어야 한다는 것을 잘 알고 있어요. 개뿐만 아니라 다른 동물들에게 여러분이 열려 있는 모습을 보인다면, 그들도 여러분이 이해할 수 있는 방식으로 의견을 표현하는 법을 배울 거예요.

정보 상자

말을 키우는 일은 어쩐지 특별해요. 말이 반려동물인지 가축인지 명확히 구분하기 어렵다는 것 때문이에요. 여러분이 승마에 관심이 있다면 황금률을 꼭 기억하세요. 말의 자연스러운 행동과 해당 스포츠 종목의 행동을 비교한 뒤 여러분이 사랑하는 동물에게 부자연스러운 행동을 강요하지 않는 거예요. 또한 사육 환경과 여러분이 동물을 다루는 방법도 점검해야 해요. 말과 좋은 신뢰 관계를 형성한 기수는 재갈을 물리지 않고도 쉽게 올라 탈 수 있어요. 목장 바로 옆에 열린 축사를 만들어 말을 키우면 이들은 훨씬 더 자연스러운 행동을 보여 줄 거예요. 말을 타고 자갈길을 가지 않는다면, 말발굽에 편자를 달지 않아도 되겠죠. 사람과 타협하면 말이 손해를 본다는 점을 잊지 말고 어떻게 보상하면 좋을지 <u>스스로</u> 생각해 보세요.

동물과 대화하기

우리는 언제 동물과 대화할 수 있을까요?

상호 이해의 한계

유명한 언어학자 루트비히 비트겐슈타인은 이런 말을 한 적이 있어요. "사자가 말을 할 수 있다고 하더라도 우리는 사자의 말을 이해할 수 없다. 서로를 정말 이해하기 위해서는 똑같은 언어를 말해야 할 뿐더러 문화도 공유해야 한다." 저는 푸틴이나 트럼프처럼 세계적으로 유명한 정치인들을 볼 때도 이런 생각이 들어요. 그들은 제가 이해할 수 있는 언어로 각자 설명할 수 있지만, 정작 저는 그들의 행동을 이해할 수 없거든요. 그러니 우리가 동물을 이해한다는 건 얼마나 더 어렵겠어요? 그러니 동물을 어떻게 이해할 수 있을지 살짝 맛만 봤다 하더라도 실망하지 않기로 해요.

언젠가 인공지능이 동물의 말을 더 잘 이해할 수 있도록 도움을 준다고 한들 사람들끼리 하는 대화를 동물과 나누기는 불가능할 거예요. 그건 인간이 다른 동물과 구별되는 아주 작은 특징이 있기 때문이에요. 그 특성은 그 자체로 특별한 것은 아니지만, 이로 인해 지난 수십 년 동안 인간이 더불어 사는 삶의 토대가 만들어졌어요. 예를 들어 우리와 가장 가까운 친척인 침팬지와 달리 우리는 집단에 속해 있기를 좋아해요. 여러분이 인터넷에 게시물을 올렸을 때 친

구들이 접속해서 '좋아요'를 누르면 행복해지잖아요. 사람들이 인정하는 무언가를 만들었다는 뜻이니까요. 여러분은 자신이 아니라 다른 사람을 위해 일한 셈이죠. '타인을 위해 뭔가 했어'와 '기분이 좋아'라는 이 두 가지를 통해 우리는 소위 누적된 문화(정보 상자를 보세요)를 발전시킬 수 있었어요. 여기서 중요한 부분이 바로 우리의 복잡한 언어랍니다. 여러분은 이 책에서 언어에 속한 모든 것이 우리보다 훨씬 오래전에 만들어졌다는 사실을 배웠어요. 인간은 이런 토대 위에서 많은 것을 해냈어요. 그러니 동물이 1만 년의 발달 과정을 한순간 건너뛸 수 있을 것이라고 기대해서는 안 돼요.

그렇지만 여러분이 이 책을 꼼꼼히 읽었다면 동물을 조금 더 잘 이해하는 데 도움이 될 다양한 사례와 요령을 손에 넣었을 거예요.

정보 상자

누적된 문화

사전을 보면 우리 인간에게는 문화가 있고 그 밖의 것은 자연이라고 되어 있어요. 하지만 많은 동물이 저마다의 문화 속에서 살아가고 있으니 이것은 틀린 말이죠. 동물도 전통이 있어서 그들의 지식과 관습을 친구나 후손에게 문화로 전달합니다. 하지만 그들에게 누적된 문화는 없어요. 예를 들어 저는 삼각형을 두고 계산할 때, 2500년 전 그리스 사모스섬에 살았던 피타고라스의 정리를 활용해요. 이 때문에 우리 인간은 거인의 어깨 위에 올라선 난장이라고들 말하지요. 우리는 조상들의 경험을 바탕으로 집을 짓고 곧 화성까지 날아갈 거예요. 동물이 가질 수 없는 우리 인간의 누적된 문화 덕분이지요.

부모님과 선생님께

이 책을 읽고 많이 놀라셨을 거예요. 심지어 지금까지 알던 내용과 모순될 수도 있습니다. 이 책을 읽는 대학생이나 신입 생물학 교사조차 새롭고 놀라운 사실을 배우게 될 거예요. 왜냐하면 최신 동물행동학은 대학에서 거의 가르치지 않는데다 생물학 교과 과정에도 없으니까요.

그래서 여기에 제시된 지식에 대해 회의적인 시각을 드러낸다고 해도 충분히 이해할 수 있습니다. 물론 절 무조건 믿어 달라고 부탁하지는 않을게요. 여러분이 아니라 이 책을 읽을 아이들이 중요하기 때문이지요. 열린 마음을 가진 아이들이 말도 안 되는 것을 배우지 않도록 하는 것은 전적으로 여러분의 책임입니다.

이 시점에서 제 책 《동물의 신비: 동물은 무엇을 생각하고 느끼는가》와 《동물의 언어: 우리는 어떻게 서로 더 잘 이해할까》를 이곳에 소개할 수 있게 해 준 로에베 출판사에 무한한 감사

모든 내용과 사례 외에 더 많은 내용이 포함되어 있습니다. 책에 제시한 실험을 수행하려면 관련 내용을 찬찬히 읽어 보시라고 권하고 싶습니다.

즐거운 독서가 되시길, 그리고 어린 독자들과 재미있게 토론하시길 기원합니다.

의 말을 전합니다. 위 두 권을 합하면 총 650쪽 분량에 1000개에 달하는 과학 출판물을 인용하고 있는데, 대부분이 최근 결과물이며 출처도 밝혀 두고 있어요. 따라서 이 책의 주제에 관심이 있거나 개별 사례에 대한 인용이 필요한 경우 두 권의 책을 읽어 보시기 바랍니다. 여기에 언급한

용어 해설

가설은 관찰과 논리적 추론에 근거한 가정이에요.

가축화는 들짐승이 인간 필요에 맞게 적응한 것을 뜻해요. 이는 선택적 사육을 통해 이뤄진답니다. 다시 말해 길든 동물이 인간에게 이득이 있어야 자손을 남겨 다음 세대로 이어질 수 있다는 말이에요.

개체군은 한곳에서 같이 생활하는 한 종의 생물 개체 전체의 수를 말해요.

거대 초식동물은 덩치가 크고 풀을 많이 뜯어먹는 생물이에요.

게놈은 생물의 모든 DNA에 있는 정보 전체를 의미하는 말이에요.

경보음은 위험한 상황에서 동료에게 주의를 주기 위해 보내는 울음소리예요. 다른 종의 동물도 이 소리를 듣고 경계하거나 회피하는 등의 반응을 보이기도 한답니다.

고독한 돌고래는 자기네 집단으로 들어가 어울리지 않는 외톨이를 말해요.

군집은 한 지역에 살면서 유기적인 관계를 맺고 살아가는 개체군의 모임을 뜻해요.

대리수치는 아주 특수한 감정이에요. 사사건건 트집을 잡는 사람을 보면 어때요? 내가 잘못한 것도 아닌데 그 사람을 대신해서 부끄러워지지 않나요? 연구자들도 왜 이런 감정이 나타나는지 모른대요.

공생은 종류가 다른 생물이 서로에게 이익을 주며 함께 사는 행동을 의미해요.

관점주의란 동물이 인간처럼 일하거나 느낄 수 있다고 상상함으로써 동물의 처지를 이해하는 방식을 말해요.

근친 교배는 가까운 가족 사이에서 아이를 낳는 것이에요. 유전적인 문제가 발생할 가능성이 크기 때문에 대부분의 사회에서 금지하고 있어요.

논리적이라는 의미는 생각이나 추론이 이치에 들어

맞는 것이에요.

뉴턴의 진자는 평행봉처럼 생긴 가로대에 두 가닥 끈으로 다섯 개의 쇠구슬을 나란히 매달아 진자 운동의 원리를 배울 수 있게 해 주는 과학 교구예요. 한쪽 구슬을 당겨서 놓으면 반대편 구슬이 튕겨 나가는 모습을 볼 수 있어요. 모든 에너지가 사라질 때까지 이런 현상이 반복된답니다.

니콜라스 틴베르헨(1907~1988)은 네덜란드 동물학자였어요. 콘라트 로렌츠와 함께 본능 이론을 연구했지요. 1973년에는 카를 폰 프리슈와 콘라트 로렌츠와 함께 노벨 생리·의학상을 받았어요.

단백질은 아주 복잡하게 연결된 큰 무리의 화합물로 생물체를 구성하는 주성분이에요. 근육과 조직을 형성할 뿐만 아니라 몸의 여러 가지 기능이 이뤄지도록 돕기도 해요.

독백은 대화와 달리 한 사람이 혼자 하는 말을 의미해요.

돌연변이는 유기체 청사진에 변화가 생기는 것을 말해요. 우연히 또는 외부 영향으로 DNA가 바뀌어 나타나지요.

동물적이라는 말은 이성적이지 못하고 본능에 치우쳐 행동할 때 쓰는 말이에요. 자칫 어떤 행동을 깎아내리는 평가가 될 수 있으니 주의하세요.

마음 이론은 다른 사람의 입장에서 생각하는 능력이에요. 마음 이론에 따르면 우리는 자신뿐만 아니라 다른 사람의 생각과 감정에 대해서도 사유할 수 있어요. 그러니까 타인의 행동을 예측하거나 영향을 줄 수도 있겠죠.

맥주는 1만 3000년 전에 발명되었다고 해요. 오늘날 이스라엘에 있는 라케페트 동굴에서 세계에서 가장 오래된 맥주 양조장이 발견되었어요.

메타 인지는 생각에 대한 생각을 말해요. 자신이 생각하는 과정을 한 차원 높은 관점에서 바라보는 지적 활동이지요.

면역 체계는 몸속에 들어온 병원에 대항하는 항체를 생산해서 우리를 병으로부터 보호해요.

명상할 때는 마음을 모으고 집중하는 연습이 중요해요. 명상을 하면 마음이 편안해지고 깨달음을 얻을

수 있답니다.

바벨피시는 더글라스 애덤스의 책 《은하수를 여행하는 히치하이커를 위한 안내서》에 등장하는 물고기랍니다. 거머리처럼 생겼는데 귀에 넣으면 뇌파 에너지를 영양분 삼아 살면서 모든 언어를 이해할 수 있게 도와줘요.

박테리아는 하등한 단체포 생활체여서 핵을 갖고 있지 않아요.

반응은 어떤 자극에 대하여 동물이 보이는 특정한 행동을 의미해요.

베르크만의 법칙은 독일 괴팅겐 해부학자이자 생리학자인 카를 베르크만이 주창했어요. 동물의 덩치가 커지면 커질수록 몸의 표면적이 줄어들어요. 표면적이 줄어들면 체온을 덜 잃게 되므로 빙하기처럼 추운 시기에는 생존에 유리하죠. 이에 맞춰 시간이 흐르면서 포식자의 몸집도 점점 커졌답니다. 이런 연관 관계에 몰두하는 과학 분야를 생리생태학이라고 해요.

보노보는 유인원과의 포유류예요. 과거 침팬지로 분류했지만, 지금은 두 동물이 서로 다른 종이라고 확인되었어요.

부레는 일부 물고기 몸속에 있는 공기 주머니예요. 부레를 사용해 물고기는 물 위로 올라갔다가 물 아래로 내려갈 수 있어요. 마치 기구를 타고 가는 것과 같아요. 연골어류(뼈가 부드러운 물고기), 그러니까 상어와 가오리에게는 부레가 없어요.

부사구는 문장에서 부사처럼 용언을 수식하는 구(句, 둘 이상의 단어가 모여 문장의 일부분을 이루는 토막)를 의미해요. 어떤 일을 정확하게 묘사할 때 중요한 역할을 한답니다.

분자는 화학적으로 결합하여 어떤 성질을 띠는 최소 단위의 입자를 의미해요. 물 분자(H_2O)는 두 개의 수소 원자와 한 개의 산소 원자로 이뤄집니다. 산소 분자(O_2)는 산소 원자 두 개로 구성돼요.

브렘의 아버지인 크리스티안 루트비히 브렘(1787~1864)은 개신교 목사이자 조류학자였어요.

빌헬름 폰 오스텐(1838~1909)은 교사였고, 여가 시간에 유명한 말인 영리한 한스를 훈련했어요.

생체 발광은 생물이 스스로 빛을 내는 능력이에요. 어떤 동물은 몸의 특수 기관에 발광박테리아를 품고 있어서 마음대로 빛을 낼 수 있기도 해요.

서식지는 생물이 나타나는 구역 또는 그들이 자리를 잡고 사는 곳을 뜻해요.

세계보건기구(WHO)는 보건·위생 분야의 국제적인 협력을 위하여 설립된 유엔 산하 정부 간 기관이랍니다.

수화는 손이나 손가락의 모양, 방향, 위치, 움직임 등을 달리하여 의미를 전달하는 언어예요. 수화에는 단어와 문법이 있기 때문에 무의식적인 몸짓과 헷갈리지 않아요.

스키너 상자는 미국의 심리학자인 스키너(1904~1990)가 동물의 학습 행위를 연구하기 위해 고안한 실험 장치예요.

알렉산더 폰 훔볼트(1769~1859)는 유명한 자연 과학자이자 탐험가였어요. 그와 그의 형 빌헬름 폰 훔볼트의 성을 딴 베를린 훔볼트 대학교가 있답니다.

어휘는 일정한 범위 안에서 쓰이는 단어의 수효를 뜻해요. 여기에서 특정한 정보를 보내기 위해 쓰이는 울음소리를 얘기해요.

언어학자는 인간의 언어에 관련된 현상을 다루는 학문인 언어학을 체계적으로 연구하는 사람이에요.

여행하는 세일즈맨 문제는 갈 수 있는 다양한 경로 중 가장 짧은 길을 찾는 방법이에요.

예비 연구는 진지한 연구를 하기 전에 수행하는 과학 연구를 말해요.

운동 협응은 복합적인 운동을 효과적으로 수행하기 위해서 개별 동작들을 통합하는 능력을 의미해요. 신경을 통해 협응이 잘 이뤄지면 우리 몸은 한층 효율적으로 움직일 수 있어요.

유인원은 인간의 친척과도 같은 오랑우탄, 고릴라, 침팬지, 보노보를 묶어서 부르는 말이에요. 과거엔 보노보와 침팬지를 같은 종이라 생각했어요.

유전병은 모든 생물에게 발생해요. 유전에 의하여 자손에게 전해지는 병이기 때문에 가까운 친척 관계에 있는 두 개체가 자손을 낳을 경우 유전병에 걸릴 가능성이 커져요.

유전적이라는 말은 유전자에 의해 무엇인가가 결정된다는 의미예요. 배워서 얻어지는 것이 아니라 태어날 때 이미 주어진 것을 뜻하죠.

은폐는 음향학에서 어떤 소리가 다른 소리보다 커서 가려버리는 것을 뜻해요. 승강장에서 전화 통화를 하고 있을 때 열차가 들어오면 시끄러워서 상대방의 목소리가 잘 들리지 않잖아요. 이때 열차 소리가 다른 소리를 은폐했다고 보면 돼요.

이론은 사물의 이치나 지식 따위를 해명하기 위해 논리적으로 정리한 체계를 의미해요. 가설이 먼저 나온 다음 실험과 관찰을 통해 일반화하여 이론이 되지요.

이성적 사고는 이성을 사용해 생각하는 일이에요. 보통 우리는 이를 통해 의견이나 행동을 잘 설명할 수 있어요. 이성적이지 않은 생각은 그냥 느낌에 따라 하는 생각인데, 나름대로 장점도 있어요.

인공지능(AI)은 인간처럼 학습 능력을 갖춘 컴퓨터 시스템을 말해요. 인공지능을 이용하면 사람이 풀기 어려운 복잡한 문제를 쉽게 해결할 수 있어요.

자기공명영상(MRI)을 이용하면 엑스레이와 비슷하게 몸 안을 들여다볼 수 있어요. 강력한 자기장을 발생시키는 기계 속에 들어간 대상의 신체 내부를 상세하게 촬영한 다음 이를 분석해 몸의 이상을 찾아낼 수 있어요.

재갈은 말의 입에 물리는 가느다란 막대를 의미해요. 재갈을 물리면 기수가 큰 노력을 기울이지 않더라도 말이 따르게끔 할 수 있어요.

정족수는 박테리아가 집단 행동을 일으키는 데 필요한 일정한 수를 의미해요.

조건화는 행동주의에서 자극과 반응이 연관을 가지도록 만드는 일이에요. 예를 들어 원하는 행동을 하면 먹이로 보상을 주는 것과 같은 학습 방법도 조건화예요. 이를 통해 배우는 사람이나 동물은 그 행동이 의미 있다는 경험을 하게 된답니다.

중력은 물질이 서로 끌어당기는 힘이에요. 지구는 아주 크고 무거워서 우리를 중심으로 끌어당기고 있답니다.

직비원류에는 일부 원숭이와 사람을 포함한 유인원이 속해 있어요. 영장류를 코의 모양에 따라 곡비원류와 직비원류로 분류하는데, 직비원류는 단순하게 뚫려 있는 콧구멍과 건조한 콧부리가 특징이랍니다.

진화란 시간이 지나면서 점진적으로 변해 가는 현상을 의미해요. 단순한 생물에서부터 점점 더 복잡한 생물로 발전하는 것도 진화로 설명할 수 있어요.

진화론은 생물이 단순한 것에서 복잡한 것으로 발전해 나가는 과정을 과학적으로 설명하려는 시도예요. 완전히 입증되지는 않았지만, 과학에선 타당하다고 받아들이고 있어요.

짚신벌레는 단세포 생물이지만 몸 가장자리에 섬유가 많이 나 있어 이동할 수 있어요. 먹잇감을 먹을 수 있는 입과 같은 부분도 갖고 있답니다.

찰스 다윈(1809~1882)은 진화론 발전에 가장 크게 기여한 연구자예요.

척추동물은 척추가 있는 것이 특징인 동물을 뜻해요. 어류, 양서류, 파충류, 조류, 포유류 등으로 구성돼요.

추상적이라는 말은 세부 사항을 생략하고 연관성을 인식하여 일반적인 것을 추론하는 사고 과정을 따른다는 의미예요. 추상적 사고는 구체적인 현상이나 사물과 달리 직접적으로 관찰하거나 경험하기 어려운 것을 파악하는 데 도움이 된답니다.

코드는 특정한 정보를 나타내기 위한 기호 체계예요. 컴퓨터는 0과 1로 이루어진 이진수로 작동해요. 한글 자모는 총 40개죠. 유전 정보가 들어 있는 DNA는 아데닌(A), 구아닌(G), 시토신(C), 티민(T), 이렇게 네 가지 염기로 구성되어 있답니다.

콘라트 로렌츠(1903~1989)는 오스트리아의 동물학자였어요. 그는 비교 행동연구(동물행동학)의 가장 중요한 대표자예요. 그는 거위에게 자신을 어미로 각인시킨 실험으로 유명해졌어요.

폭스피투(FOXP2)는 DNA를 전사하는 데 중요한 역할을 하는 단백질이에요.

플라세보 효과는 환자가 자기 치유의 힘으로 병이 자연스레 나았는데도 그동안 먹은 가짜 약의 효과 덕분이라고 믿는 현상을 말해요. 제약회사는 새로운 약과 가짜 약으로 실험을 진행해서 그 둘 사이에 차이가 확실할 때 새로 개발한 약이 진짜 효과가 있다고 봐요.

플레이백 실험을 할 때는 동물에게 특정한 울음소리를 들려주고 무슨 일이 일어나는지 관찰해요.

할루미 치즈는 고기를 먹을 때 같이 구워서 먹으면 잘 어울려요.

해부학은 살아 있는 유기체의 구조를 연구하는 학문이에요. 해부는 생물체의 일부나 전부를 절개하여 내부를 조사하는 일을 의미해요.

행동주의는 심리학의 대상을 내면의 의식이나 정서가 아니라 자극과 반응의 관계 속에서 발견되는 객관적 행동에 두고 연구해요.

협력이란 힘을 합하여 서로 돕는 행동을 하는 거예요.

사진 출처

Shutterstock: S. 8 © Henner Damke; S. 9 © 4 PM production, © Sergey Zaykov; S. 10 © fontoknak; S. 13 © Debbie Steinhausser, © rafaellsilveira; S. 14 © noicherrybeans; S. 22 © sharpshutter; S. 23 © peampath2812; S. 25 © VDB Photos, © attraction art; S. 26 © ilkercelik; S. 27 © Jesus Cobaleda; S. 31 © Triff; S. 33 © Daniel Zuppinger; S. 35 © V.Borisov; S. 36 © Tory Kallman; S. 38 Magnus Binnerstam ; © S. 39 © Phonlamai Photo; S. 41 © Sergey Novikov; S. 43 © Dean Drobot; S. 45 © ARKHIPOV ALEKSEY, S. 47 © Rudmer Zwerver, © Andrea Izzotti; S. 49 © Iago Duarte; S. 52 © Sve_Burt; S. 55 © Chase Dekker, © Henner Damke; S. 57 © Elena Larina; S. 60 © Christian Mueller; S. 61 © Lerner Vadim; S. 63 © Yatra; S. 65 © Smileus; S. 70 © Erik Mandre; S. 72 © bravikvl; S. 75 © Wright Out There; S. 76 © chadin0, © V.Borisov; S. 81 © Fotografie-Kuhlmann; S. 83 © Eileen Kumpf; S. 85 © Agami Photo Agency, © Piyathep, © Edwin Butter, © l i g h t p o e t, © Ondrej Prosicky, © Cookie Studio; S. 87 © Andrii Oleksiienko, © Viliam.M; S. 92 © Procy, © Gorodenkoff, © yusuf madi; S. 94 © antirat Praeknokkaew; S. 99 © Rattiya Thongdumhyu, © Sergey Zaykov; S. 100 © Gabor Tinz; S. 101 © Levent Konuk; S. 106 © CGN089; S. 107 © Mintybear; S. 111 © Dean Drobot; S. 113 © JayHub, © Ruth Black; S. 116 © altanaka; S. 120 © Tobias Arhelger, © Lena Ogurtsova; S. 133 © Rudmer Zwerver; S. 135 © Ana Gram; S. 139 © Svensge; S. 145 © David Tadevosian, S. 146 © Kletr; S. 149 © Edwin Butter; S. 151 © DementevaJulia; S. 153 © Hypervision Creative; S. 159 Gina Hsu; S. 161 © FooTToo; S. 162 © Ajdin Kamber; S. 166 © Alessandro Cancian; S. 169 © mazolafoto.de, © 4 PM production; S. 174 © Andrea Izzotti; S. 175 © Erik Mandre, © attraction art; S. 186 © Aliaksandr Antanovich

카르스텐 브렌징 박사는 킬 대학교에서 해양생물학을 전공했어요. 플로리다와 이스라엘에서 돌고래와 인간의 상호 작용을 연구하고, 2004년 베를린 자유대학교에서 박사 학위를 받았고요. 그런 다음 고래·돌고래 보호 협회(WDC)에서 10년 동안 학술팀장으로 일했어요. 지금은 작가와 고문으로 활동하고 있답니다. 동물의 생각과 감정에 관한 세 권의 책을 썼고, 독일 환경부와 유럽연합 집행위원회, 환경 보호 단체에서 고문을 지냈어요. 과학적으로 활동하는 동물 보호 단체 '개별권 이니셔티브(Individual Rights Initiative, www.iri.world.de)'의 공동 창립자이기도 해요. 또한 두 아들의 자랑스러운 아빠랍니다. 아내 카트린은 과학 저널리스트이자 작가이기도 해요. 열아홉 살 때부터 함께한 두 사람은 세계 일주를 꿈꾸고 있답니다.

www.karsten-brensing.de

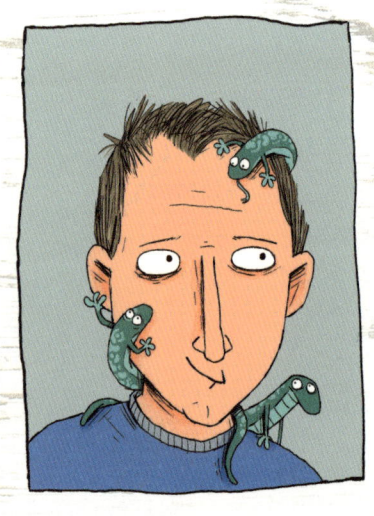

니콜라이 렝거는 카를스루에에서 태어나 포르츠하임 조형대학(HFG)에서 비주얼 커뮤니케이션을 전공했어요. 프리랜서 일러스트레이터로 여러 출판사 및 에이전시와 작업하며, 2013년부터 카를스루에에 있는 아틀리에 레미제(Remise)에서 일하고 있어요. 동물 그리기를 특히 좋아한답니다.

정일주는 서울에서 자라 독어독문학을 전공하고 대학원을 졸업한 후 베를린에서 유학했어요. 독일 현대 문학을 전공한 뒤 통번역과 교육을 겸하고 있고요. 2016년 《책의 문화사》로 (재)한국출판연구소에서 주관하는 한국출판평론상·학술상 번역 부문 우수상을 받았답니다. 옮긴 책으로 《생각하고 느끼는 동물들》이 있어요.

말하고 소통하는 동물들

초판 1쇄 발행 | 2024년 8월 10일

지은이 카르스텐 브렌징
그림 니콜라이 렝거
옮긴이 정일주
책임편집 손성실
편집 조성우
디자인 권월화
펴낸곳 생각비행
등록일 2010년 3월 29일 | 등록번호 제2010-000092호
주소 서울시 마포구 월드컵북로 132, 402호
전화 02) 3141-0485
팩스 02) 3141-0486
이메일 ideas0419@hanmail.net
블로그 ideas0419.com

ⓒ 생각비행, 2024
ISBN 979-11-92745-29-9 73490

책값은 뒤표지에 적혀 있습니다.
잘못된 책은 구입하신 서점에서 바꾸어 드립니다.

생각하고 느끼는 동물들

개미가 거울에 비친 자기 모습을 알아보고 돌고래가
서로 이름을 부른다는 사실을 알고 있나요? 쥐는 함께 있을 때
더 잘 웃고 범고래가 30년이나 엄마를 찾는 진짜 마마보이라는
사실은요? 동물도 우리처럼 감정이 있어서
사랑하고 싸우기도 할까요?

행동생물학자 카르스텐 브렌징이 알면 알수록 빠져드는
동물행동학의 세계로 안내합니다. 동물의 기억력은 어느 정도일까요?
동물에게 자의식이 있을까요? 동물도 사투리로 대화할까요?
그동안 잘 몰랐던 신기한 동물들의 진짜 세계를
탐구하고 나면, 동물이 우리와 아주 비슷하게
생각하고 느낀다는 사실을 알 수 있을 거예요!

프랑스에서 가장 사랑받는 천체물리학자
위베르 리브스와 함께 떠나는

지구 생태 여행

하늘의 별로 향하던 시선을 거두고
위베르 리브스는 오늘날 우리가 사는 별인
지구의 미래를 걱정합니다.
인간의 잘못으로 지구가 뜨거워지고 있습니다.
생명의 터전인 바다가 오염되고
동식물의 보고인 숲이 불타고 있습니다.
우리와 관계 맺고 있는 수많은 생물을 위해
우리는 어떤 선택을 해야 할까요?

생물의 다양성

위베르 리브스·넬리 부티노 글 | 다니엘 카자나브 그림
클레르 샹피옹 채색 | 문박엘리 옮김

인류는 생물의 다양성을 기반으로 축적된 다양한 자원을 활용하며 살아갑니다. 집 앞을 흐르는 시냇물, 각종 나무로 울창한 고원, 드넓게 펼쳐진 들판, 광활한 바다, 이 모든 자연이 생명의 다양성이 춤추는 현장이요, 우리 삶의 터전입니다.

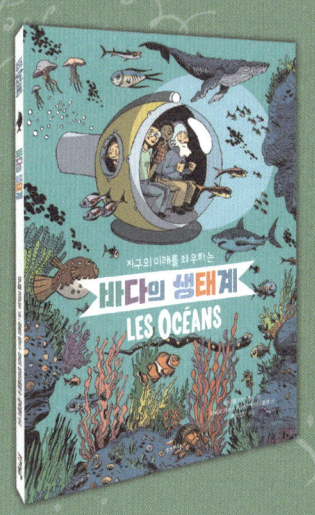

바다의 생태계

위베르 리브스·다비드 반데르묄렝 글 | 다니엘 카자나브 그림
클레르 샹피옹 채색 | 문박엘리 옮김

바다는 언제 생겼을까요? 바람과 해류는 지구의 기후에 어떤 영향을 미칠까요? 인간이 쏟아낸 플라스틱 쓰레기는 해양 생물들에게 어떤 영향을 끼칠까요? 수중 생물의 다양성을 왜 우리가 보호해야 할까요? 지구의 미래가 바다에 달려 있어요.

숲의 생태계

위베르 리브스·넬리 부티노 글 | 다니엘 카자나브 그림 | 문박엘리 옮김

숲은 수많은 나무와 동물이 공존하는 생태계의 보고랍니다. 생물 다양성을 지키기 위해 숲을 가꾸고 보호하는 일은 아주 중요해요. 산림이 훼손되면 지구는 점점 더 뜨거워지고 우리도 위험해져요. 숲이 살아 숨 쉴 때 모든 생명이 평화로워요.